高校篮球教学理论与实践研究

沈　浙◎著

中国原子能出版社

图书在版编目（CIP）数据

高校篮球教学理论与实践研究 / 沈浙著. --北京：
中国原子能出版社，2023.12

ISBN 978-7-5221-3203-7

Ⅰ．①高…　Ⅱ．①沈…　Ⅲ．①篮球运动–体育教学–
教学研究–高等学校　Ⅳ．①G841.2

中国国家版本馆 CIP 数据核字（2023）第 256171 号

高校篮球教学理论与实践研究

出版发行	中国原子能出版社（北京市海淀区阜成路 43 号　100048）
责任编辑	杨　青
责任校对	冯莲凤
责任印制	赵　明
印　刷	北京天恒嘉业印刷有限公司
经　销	全国新华书店
开　本	787 mm×1092 mm　1/16
印　张	14.75
字　数	230 千字
版　次	2023 年 12 月第 1 版　2023 年 12 月第 1 次印刷
书　号	ISBN 978-7-5221-3203-7　　　定　价　76.00 元

发行电话：010-68452845

前　　言

　　篮球是一项对抗激烈、对技战术水平要求较高的综合性运动项目，经常参加篮球运动不仅能增强体质，还能丰富个人的业余生活。因此，篮球运动一直以来深受人们的欢迎。在高校中，篮球运动同样也受到大学生的青睐，几乎所有的高校都开设了篮球课，学习篮球的学生也非常多。篮球运动不仅是世界上广泛开展的球类运动之一，也是高校体育教学的重要内容，在促进学生全面发展方面有极大的价值。

　　本书从高校篮球运动概述入手，介绍了高校篮球教学与训练的理论基础、高校篮球教学的医务卫生知识，以及高校篮球教学模式，并分析了篮球运动创新教学与训练、高校篮球技术教学实践、高校篮球战术教学与训练、篮球运动员的心理训练实践等内容。

　　由于时间仓促，作者水平有限，书中难免有不当之处，恳请各位读者批评与指正。

目　　录

第一章 高校篮球运动概述

只有了解了高校篮球运动之后，才能够更加透彻地研究高校篮球运动教学，因此，本章将概括描述高校篮球运动，具体内容包括：篮球运动的起源与发展，价值、功能与特点，以及我国高校篮球运动的发展情况、世界重大篮球赛事介绍等。

第一节 篮球运动的起源与发展

起源是一个汉语词汇，基本意思是指事物产生的根源。发展是事物从出生开始的一个进步变化的过程，是事物的不断更新，是一种连续不断的变化过程，既有量的变化，又有质的变化。下面介绍篮球运动的起源和发展情况。

一、篮球运动的起源

19 世纪中叶之后，欧洲产业革命使得人们的思想观念慢慢地发生了转变，开始追求健康的生活方式。在美国，由于国力的增强与经济的发展，国家越来越重视体育事业的发展。在这样的大背景下，詹姆斯·奈史密斯发明了篮球运动。

詹姆斯·奈史密斯当时任教学校的所在地——美国马萨诸塞州，由于冬季过于寒冷，学校无法进行流行的棒球运动，而且学生并不喜欢能够在室内开展的古典体操。这时，青年会委托詹姆斯·奈史密斯博士，希望他设计出一项既能够在室内开展，又能够受学生欢迎的运动，篮球运动由此诞生。

当然，詹姆斯·奈史密斯的设计过程并不是一帆风顺的，他吸取了多种球类运动的特点创造出篮球运动。1981年圣诞节的夜晚，詹姆斯·奈史密斯将培训班的18名学生分为两队，并用篮球作为游戏工具进行表演比赛，并将这一游戏介绍给观众。当时，篮球并未正式命名，后来由詹姆斯·奈史密斯的学生提出将这项运动命名为篮球，至此这项游戏被正式命名为篮球。

二、篮球运动的发展

现代篮球运动的发展，从总体上讲，共经历了以下四个阶段。

（一）初创时期（1890—1929年）

这一时期，篮球运动由学校走向社会，并走向全世界。篮球运动在创造出的最初两年，并没有明确的人数、场地限制与游戏规则。直至1982年，奈史密斯编写了《青年会篮球规则》，篮球运动才有了最初的规则。

（二）完善时期（1930—1949年）

这一时期，篮球运动得到了迅速发展，此时只有一个国际性的权威机构来协调各国一同举办篮球运动，在这种背景下，国际业余篮球联合会宣告成立。1936年，篮球运动被列入奥运正式比赛项目，自此，现代竞技篮球运动正式诞生。除此之外，在这一时期，篮球运动的规则也得到了进一步的完善。

（三）普及提高时期（1950—1989年）

这一时期，在篮球技战术创新性发展的影响下，篮球运动开始在全球范围内普及，并开始试行男女世界篮球锦标赛，篮球竞赛规则也进行了多次调整。另外，在这一阶段篮球运动员体型高大化成了一种时尚，甚至有"得高大中锋者得篮球天下"的说法出现。

（四）飞速发展时期（1990 年至今）

现代篮球运动在这一时期有了快速的发展，职业篮球运动员从 1992 年开始可以参加奥运会、世界篮球锦标赛等国际篮球比赛。职业篮球则变得更加商业化、个性化和产业化，并且更具观赏性与人文性。与此同时，这一时期的篮球规则在诸多方面有了新的调整，如场地区域、攻守战术、比赛速度等。

第二节　篮球运动的价值、功能及特点

下面介绍篮球运动的价值、功能及特点。

一、篮球运动的价值、功能

（一）生理健身价值、功能

1. 提高人体生理机能

首先，篮球运动要求球员练习力量的抗衡、突然与连续起跳、敏捷的反应与快速奔跑，因此能够使机体各部分的肌肉结实且匀称；其次，篮球运动作为一种高强度的对抗性运动，能够促进人体的新陈代谢，提高机体的代谢率，从而使各器官（如血管、心脏等）的功能增强，并从根本上使人的体质及抵抗力增强；最后，由于篮球比赛中所发生的情况具有极大的不确定性，因此需要球员掌握各种协调的技术动作，还需要他们具备随机应变的能力。所以，经常参加篮球运动，能够提高各感觉器官，尤其是视觉感受器的功能；另外，参加篮球运动对促进动作精细化、提高分配与集中能力也很有帮助。

2. 可提高练习者的身体素质

因为篮球运动所具有的特点，球员必须具备良好的动作速度、耐力、反应速度与柔韧等素质。另外，因为篮球运动是在快速奔跑中进行的，所以球员在跳跃、转身跨步、起动等动作中锻炼了各关节的韧带与肌肉，而这对提高柔韧素质有利。

（二）心理保健价值、功能

长期参加篮球运动的人，其个性与心理都会朝着更为健康、积极的方向发展。

1. 可锻炼顽强的意志

水平接近、争夺激烈，是现代篮球强队比赛的特点。由于双方球员均处于直接对抗的状况下，他们除了要具备优良的身体素质与技战术素质之外，更重要的是应具备坚强的意志品质。想要获得比赛胜利，球员必须在对抗当中克服各种困难，而克服困难的过程就是锻炼其意志品质的过程。有时，顽强的意志品质对比赛的最终胜利具有决定性的作用。

2. 可创造良好情绪体验

现代篮球运动具有观赏性与趣味性。通过篮球运动的锻炼，能够调节情绪、振奋精神、增进快乐，从而使人变得更加自信、自尊、自强，而且还对神经衰弱等精神疾病患者有一定的治疗与改善作用；能够使队友之间的感情变得更加紧密，交流变得更加频繁，这对一些不愿与人交往、郁郁寡欢或者时冷时热的人来讲，不仅能够改善他们的人际关系，还能够使他们了解、认识到自己的价值；还能够使球员在比赛胜利之后体会到成就感，并使他们产生振奋、愉悦的幸福感。

3. 有助于塑造健全人格

篮球运动，从微观上讲，是群体中个体之间的技巧智能与身体冲击的直接对抗；从宏观上讲，则是群体的竞争。如果想要取得篮球比赛的胜利，就需要球员个性鲜明、敢于冒险、能够创新，并善于抓住时机与做出正确的观察判断。由此可知，篮球比赛是实现人个性自由发展的有效途径。另外，篮球运动还能够培养球员相互支持与团结一致的意识。

（三）社会价值、功能

1. 影响社会规范

所有参加篮球比赛的人，都必须在比赛制约下活动，而贯穿比赛的体育道德精神对人的行为规范具有启蒙教育作用，能够使人们获得对现代社会生活方式的演练与模拟，对人们形成文明、健康的社会行为习惯有帮助。

人性中存在着攻击性，而篮球运动能够使人的这种本性得到释放，与此同时，在体育规则与道德精神的约束下，人们能够在公平合理的条件中进行攻防对抗，篮球运动让人们依靠智慧与技巧取胜，而不是通过不礼貌、不道德、粗野的动作来获得胜利。从深层次的意义讲，篮球运动还具有文化约束力，如礼仪、道德、伦理、法律信仰等。

2. 影响练习者的情商

篮球运动的统一性、对抗性与集体性特点显著，因此，在比赛过程当中，球员必须具备决断力，并能够做出有效的组合动作。在组合动作的实际应用中，由于比赛情况的不确定性，整个组合动作中会有很多不确定的成分。因此，球员必须具备随机应变的能力，而且比赛还需要他们能够创造出巧妙的动作，以实现更好的配合。由此可知，篮球运动能够培养球员的良好心理承受能力、广泛的社交能力、充沛的精力与体力等，从而以较高的情商来面对生活和学习中的困难。

3. 可增进国际交往和友谊

篮球运动在全世界范围内都比较受欢迎，已经成为各国之间相互交流的重要工具，还成了各国、各团体之间建立友谊、理解、信任与团结的方式。不同语言、肤色、国家的人们可以通过篮球这一世界通用的"语言"来进行交流，从而使人们的交往变得更加密切。

二、篮球运动的特点

（一）集体性

在篮球运动中，只有队员之间集体协同配合，才能够出色地完成技战术行动。球员所做的动作，都是需要两人以上的协同配合才能够实现，因此，球队必须要重视全队行动的协调一致性，与此同时，还要注意调动每一位球员的积极性。总而言之，只有集合全队的技能与智慧，发挥出团队的精神，才能够获得理想的成绩，而这也是篮球运动集体性的表现。

（二）对抗性

作为一项直接发生身体接触的对抗性运动，篮球的基本特征与规律就是攻守的强对抗，而这种对抗表现在诸多方面，如无球队员之间的对抗、争夺篮板球之间的对抗、双方球员意志品质的对抗等。对抗能够培养人的竞争能力与意识，这也是现代素质教育的一个重要组成部分。

（三）综合性

篮球运动的技术动作非常多，而且在比赛中应用的技术都是以组合形式呈现的，加之比赛情况的复杂不定，导致技术组合具有不确定性、随机性与多样性的特征。除此之外，篮球运动作为一门交叉的边缘性学科，所涉及的学科包括教育学、竞技学、社会学、管理学、社会学等，因此，篮球运动对教练员的科学化的训练、教学，以及高水平的指挥管理都提出了更高的要求。上述这些都说明篮球运动是一项综合性的体育运动。

（四）变化性

篮球是一种攻守快速转换的运动，且转换都发生在一瞬间，从而使得比赛自始至终处于快节奏中，让观众处于专注、紧张的状态，这充分体现了篮球运动的独特魅力。另外，由于赛场情况变化多端，如果球员采用固定不变的打法无法取得比赛胜利，就需要球员具有善于根据主场情况随机应变的能力。上述这些特点充分体现了篮球运动的变化性。

（五）多元性

发展到今天，篮球运动已经成为一门具有较强交叉性的学科课程，并且其运动方面的知识也开始向多元化方向发展。因此，球员与球队必须具备特殊的个性气质、生理机能、心理品质、身体形态条件、运动意识、道德作风，以及团队精神、身体素质、专项技战术配合方法体系、实战能力等，这体现了篮球运动的多元性。

（六）职业性

自从现代职业篮球俱乐部成立之后，在竞赛规则不断完善、竞技水平持续提高的同时，现代篮球运动在全球范围内得到了飞速发展。对于篮球运动职业化进程来讲，球员技战术水平、体能与智能的提高具有极大的催化作用。20 世纪末期，多个地区都建立了职业篮球俱乐部。时至今日，职业化篮球已发展为一项新的产业，而这也成了篮球运动的一个特点。

（七）商业性

随着篮球运动职业化不断加深，各国都建立起自己的职业联赛，而职业联赛的发展推动篮球运动商品化，并使其走向商业化的发展轨道。不仅运动员与运动队的技能水平成了商品，而且还开发了体育器材、体育彩票、运动服装等周边商品，并开始进行营利性操作与经营。这些都说明篮球运动具有商业性的特点。目前，NBA 是全球范围内发展最快、影响力最大的职业联赛。

（八）教育性

由于篮球运动的发展过程包含着丰富的教育内容，其对促进社会交往、活跃社会生活、提高人的社会素质，以及增强民族与国家的自信与自尊均有着极为独特的社会价值。另外，由于篮球运动活动需要队员之间统一行动、协调配合，而这需要球员以健康、积极的道德情感作为基础，将共同的荣誉感与责任感作为自己的精神支柱。因此，球员参与这种以团体为基础的训练，能够使他们形成良好的道德情感，培养他们的集体主义精神，进而促使他们形成正确的道德价值观。

第三节　我国高校篮球运动的发展情况

我国高校篮球运动的发展情况如何呢？具体表现在以下几个方面。

一、我国高校篮球运动的发展现状

在我国，大多数高校都会开展篮球运动，并且篮球基础设施也都比较完备。开展篮球具有诸多益处，如提高学生身体素质，增强学生体质等。当然不可否认的是，目前我国高校篮球运动发展还是有一些问题存在的。

（一）专业运动训练的科学性较为欠缺

我国高校篮球训练情况不理想的原因，主要包括以下几点。

1. 训练强度低

在训练强度方面，高校篮球运动员的训练在强度与量方面并不能达到比较高的水准，而造成这种结果的原因主要是我国目前用于高校运动队的经费较少，运动员的营养条件跟不上，而低水平、低强度的运动训练很难将训练质量提高，因而在一定程度上影响了我国高校篮球运动员水平的提高。

2. 没有充足的训练时间

在训练时间方面，高校的篮球运动员文化基础普遍薄弱，因此，想要顺利完成学业，就必须要在学习方面花费更多的精力，这导致他们只能够在课余时间进行篮球练习，而且每一次的训练时间也只有短短的两到三个小时，而这些训练时间显然不够提高他们的专项竞技能力。

3. 训练手段与方法落后

在训练手段与方法方面，在训练条件的限制下，我国很多高校篮球选择采用一般性的训练手段与方法来完成篮球训练，在内容方面主要是技战术训练，心理训练与体能训练占据的比重很小。

4. 不具备完善的训练检测与恢复方法

在训练过程与运动后恢复方面，我国高校篮球队中多数甚至还处于空白状态。

上述这些问题，对我国高校篮球运动水平的提高造成了一定的负面影响。因此，一定要尽快解决这些问题，只有这样，才能够更好地促进我国高校篮球运动的发展。

（二）竞技水平相对较低，有待于进一步提高

一些体育发达的国家，在高校篮球运动竞技方面已经达到了比较高的水平，但我国目前还处于比较低的水平，导致这种情况的原因主要有两个。

第一，新中国成立初期，苏联模式对我国篮球运动的影响非常大。篮球等竞技体育在计划经济体制下，实行了单一化体委负责制模式，这并不利于篮球运动的发展。

第二，篮球等竞技体育脱离了主体教育，选择了一条较为狭窄的体校道路，但高校教学内容却是一些业余运动训练。

目前，我国高校篮球发展依然有问题存在，其中最主要的一个问题就是我国高校篮球运动员在毕业之后，能够被与篮球相关的职业队选中的概率较小。

（三）体育教师的执教水平需要进一步提升

在各种教学活动当中，教师是主导，体育教学同样不例外。我国高校篮球队的教练员，很多都是体育教师担任的，他们虽然也是毕业于体育院校，并且有较为系统的理论知识，但是绝大多数教师并没有受过专业篮球训练。另外，他们对高水平的运动训练也比较陌生。

除此之外，当一些具有较高水平的运动员进入高校之后，由于没有高水平教练员的悉心指导，这些运动员的技战术水平出现停滞，甚至下降。虽然现在有一些专业篮球教练员开始进入高校，但是这种情况并不具有普遍性，而且相较于世界上具有较高执教水平的教练员，他们的水平还是存在一定差距的。在这种情况下，就应当尽快地全面提高高校篮球教练员的执教水平。

（四）发展目标定位不够明确

目前，我国的竞技体育运营机制和管理体制是符合我国国情的，而且也取得了不错的成绩，但是，如果从全面发展的角度出发，现阶段的竞技体育人才培养模式依旧存在着问题，例如，由于运动员所接受的体育运动训练和文化教育不成正比，后备人才资源匮乏。

我国高校竞技体育多年来都处于一种比较窘迫的环境中，主要体现在虽然有竞赛市场，但是却并未培养出优秀人才。因此，在我国高校篮球运动未来的发展中，这也是一个急需解决的问题。

（五）实施的比赛赛制与实际情况不符

目前，我国高校篮球联赛赛制分为两种，具体如下。

第一是赛会制，这种赛制主要用于基层选拔赛、八强赛和分区赛。

第二是主客场相结合的赛制，此种赛制主要用于进入半决赛之后。中国大学生篮球超级联赛一直以来都使用一种赛制，那就是主客场制。

虽然中国大学生篮球超级联赛可以让运动员获得更多的实战机会，而这对球队的锻炼及赛事的推广是有利的，但是，由于赛制的时间比较长，经济开支也比较大，很多高校无法负担这些。由此可见，我国实施的高校篮球赛制并不符合我国的实际情况，因而，需要进一步完善。

二、我国高校篮球运动的发展趋势

目前，中国高校篮球运动的发展趋势体现在以下几个方面。

（一）趣味性和挑战性较强，普及广泛、形式多样

篮球运动本身具有时空对抗、集体协同等特点，这使其具有很强的趣味性与挑战性，而这也是充满朝气的大学生喜爱篮球的一个主要原因，所以篮球运动在高校中具备了进一步发展与普及的条件。另外，高校篮球运动的形式非常多样，其中最受学生欢迎的形式有轮椅篮球、街头篮球等，这些都成了大学生学习、生活当中的重要组成部分。

（二）具有较强的教育功能

人文教育对现代化社会发展具有十分重要的作用，而篮球运动的多重功能（如社交、教育、宣传、增值、健身等功能），也越来越被社会认同且受到高度重视。通过篮球训练和比赛，除了可以有效培养球员团结协作、齐心协力的集体主义精神之外，还能够有效地建立与培养他们顽强的意志品质。

目前，大众普遍接受了人文篮球的观点，篮球运动不仅具有竞技功能，还具有锻炼篮球运动员人格的功能。在竞争激烈的大学学习环境当中，经常参加篮球运动能够使学生在生活与学习中面临的各种压力得以缓解，还能够锻炼他们的意志、陶冶他们的情操，增强他们的荣誉感、使命感。

（三）科学地将理论与实践紧密地结合在一起

科技不断向前发展的同时，篮球运动中也应用了更多的先进科学技术，

而传统的篮球技战术、理论、体能水平，以及观念与训练手段也在持续不断的创新与改进。另外，实践训练手段也更加科学化，新的理论与观念也在源源不断地涌出，篮球运动从理论到实践都有了长足的发展。这对于高校大学生篮球高水平球员的培养来讲，具有十分积极的促进作用，而且对高校篮球教学的长久发展与不断完善同样有着无可替代的推动作用。

（四）高校竞技篮球呈现新特点

高校竞技篮球技战术的发展趋势，主要体现在以下几个方面。

1. 高度和灵活度相结合

高校篮球强队，除了极为重视球队成员的平均身高之外，也很重视提高高校队员的身体素质。为了让运动员的攻守都处于制空优势，就必须要有效地提高他们的制空能力，与此同时，还要强化他们的弹跳能力与力量。目前，各所高校篮球运动员教学的典范为：具有敏捷奔跑速度、精湛篮球技术与技巧、良好弹跳力的优质球员，并且还能够进行绝妙的表演。上述这些使得高校篮球运动更加绚丽多彩，技战术内容更加充实。

需要注意的是，高校篮球运动不仅需要重视高度，还需要重视灵活性。随着高校篮球运动的空间争夺激烈程度越来越强，高大运动员只有做到"高中有灵，高中有巧"，才能够获得比赛的主动权，并最终取得比赛胜利。目前，高校篮球运动发展的一个重要趋势，就是高度与灵活度的有机结合。

2. 速度和准确度相结合

篮球规则对进攻时间的限制越来越严格，因此，比赛的速度也变得越来越快。除此之外，战术的变化同样对进攻速度有一定的要求。在高校篮球运动中，有节奏的加快攻守转换速度十分重要，这促使快速反击次数的增多，提高了快攻得分率。

目前，高校篮球比赛对抗的一个特点与趋势为：普遍重视在高强度、速度的对抗中保持比较高的投篮命中率，并依靠速度来争取主动权，争取用时间来控制空间，最终赢得胜利。另外，在保证速度的同时，还需要尽可能地提高准确度，只有这样，才能够取得比赛的最终胜利。总而言之，在高校篮球运动向前发展的同时，学生运动员对于速度的理解应当更加合理与全面。

3. 凶悍和智谋相结合

攻守对抗越来越激烈，体现在一方有勇气、有毅力、有胆识与另一方进行对抗，这也是现代篮球的一个重要特点。对抗主要体现在智力、战术、心理、身体及技术对抗方面，只有在各种对抗中取得胜利，才有可能获得比赛的最终胜利。球队想要取得对抗的胜利，必须要满足以下两个要求。

第一，对抗时运动员一定要凶悍。

第二，对抗时运动员一定要运用自己的智慧。

目前，很多大学生篮球运动员都意识到了拼斗能力与强悍作风的重要性，与此同时，还意识到了智谋的重要性。高校普遍认可的当代篮球新观念，就是有智谋的拼斗。

4. 技术全面和特长相结合

由于现代篮球运动的对抗强度变得越来越强，运动员需要具备尽可能全面的技术。具体来讲，就是要求队员能快能慢、能里能外地适应战术调整，与此同时，也需要球员提高各项体能素质，如灵活性、弹跳、力量等。

除此之外，运动员还应在技术全面的基础上，拥有一项自己的专属特长，只有这样，才能够在球场上做到所向披靡。

5. 常规和创新相结合

篮球运动的发展过程，实际上就是一个不断继承和创新的过程。现代篮球运动技战术的灵魂就是创新，只有持续不断地创新，才能够使其保持活力，才能够有效突破篮球发展的障碍，才能够使高校篮球运动不断向前发展。在常规与创新结合之后，会产生多种不同的风格与打法，由此可见，高校篮球发展的一个突出趋势与特点就是创新。

需要注意的是，创新是在把握与认识篮球运动本质规律和特征的前提下，对其发展趋势的真正认识和理解。高校的篮球运动员与教练员们，应当在篮球运动的实践过程当中，继承篮球运动中好的传统，并在此基础上不断进行创新，只有这样，才能够更加快速的发展高校篮球运动。

三、大学生篮球运动赛事的发展状况

大学生篮球运动的赛事主要有中国大学生篮球联赛与中国大学生篮球超级联赛。

（一）中国大学生篮球联赛（CUBAL）

首届 CUBAL 于 1998 年举办。经过多年发展，这项赛事已经是我国高等院校体育运动竞赛中最为成功的一项赛事，参赛队伍、规模及现场观众人数都是之前任何相关赛事无法比拟的。对于中国高校的篮球运动来讲，中国大学生篮球联赛的举办与发展对其有着非常大的影响。

第一，CUBAL 的举办与发展使中国高校体育界发生了一场深刻的革命。

第二，CUBAL 的改革力度与方式，在一定程度上促进了中国篮球职业化的进程，并使篮球运动的发展，以及和国际接轨的步伐都加快了。

第三，CUBAL 为中国高级体育人才的培养模式，以及学校课余体育训练的开展提供了全新的思维视角。

实际上，并不是每一位大学生都能够参加中国大学生篮球联赛的，它对参赛选手有一定的要求，具体为：参加 CUBAL 的运动员，必须是没有在中国职业篮球联赛中注册的在校正式大学生，并且需要在 CUBAL 注册。每年 9 月到次年 5 月是 CUBAL 的举办时间，比赛分为三个阶段，分别为基层预赛、分区赛与决赛。

1. 基层预赛

每年 9 到 10 月，暑假新生入学之后开始组织预赛，并由大学生体协、CUBAL 组委会分会领导下的 CUBAL 基层选拔领导小组来确定比赛的时

间、地点和比赛办法。必须要以学校为单位来进行基层预赛及之后的分区赛
与决赛，如果有条件最好采用主客场制。

2. 分区赛

CUBAL 分区赛，分为 4 个赛区先后进行，每年的时间依次为：12 月 1
日到 7 日，东南赛区；12 月 8 日到 14 日，西南赛区；12 月 15 日到 21 日，
西北赛区；12 月 22 日到 28 日，东北赛区。由预赛时的男女冠军队伍参加
各分区的比赛。

每一个分赛区男女组各有 10 支队伍参赛，除基层预选赛冠军队之外的
报名空额为机动名额，各个分赛区男女组冠亚军队将会晋级八强赛。所采取
的赛制为“先小组循环、后交叉淘汰”。此处以男子组为例进行介绍，10 支
参赛队伍分为两组，首先，进行小组单循环比赛；其次，两组的前四名进行
交叉淘汰赛，并由小组赛积分居首位的两支队伍进行抽签，以此决定淘汰赛
的首轮对阵；最后，由各分赛区决出第一至第四名的队伍。

3. 决赛

决赛共有 8 支队伍参加，分别为四个赛区的前两名队伍。比赛采用主客
场、5 分钟加时及罚球的特殊规定，来决出比赛的胜负。

（二）中国大学生篮球超级联赛（CUBS）

篮球运动管理中心自 2003 年开始，就与教育部全国学生体育联合秘书
处共同协商办赛的具体事宜，经过细致准备与周密商讨之后，中国大学生篮
球超级联赛于 2004 年 6 月 1 日诞生了，并于同年 10 月正式开始比赛。

1. CUBS 的创办特色

CUBS 创办的特色主要体现在以下几个方面。

第一，强强联手，力求打造出高水平的联赛。

第二，专业化运作，目的是将 CUBS 的商业空间提升。

第三，高校之间的互动增加，从而有效促进了校园篮球文化的发展。

2. CUBS 的赛制

CUBS 采用的是循环赛制，每一个赛区积分最高的前四名，则会晋级季后赛。季后赛采取的比赛制度为：主客场双赛决胜制。具体过程为：如果一方两场全胜，就会直接晋级；如果一胜一负，就会对双方两场比赛总得分进行比较，更高者晋级；如果总得分相同的话，则客场得分多的队伍晋级；如果客场得分也相同，那么就会进行 5 分钟附加赛，然后重新计算比分；倘若双方打平，那么就需要继续进行附加赛，直至决出胜负。

第四节　世界重大篮球赛事简介

国际上重大篮球竞赛活动除奥林匹克运动会篮球赛和世界篮球锦标赛以外，还有传统性的欧洲、亚洲、非洲、南美洲、中美洲等地区性篮球赛，以及世界大学生、中学生运动会篮球赛，世界军队和世界俱乐部篮球锦标赛等。

1. 奥运会篮球比赛

历届参加的办法不断变更，到 1980 年的第 22 届奥运会时，规定由 12 个国家参加，产生这 12 个国家的办法是：上届奥运会前 3 名；欧洲篮球锦标赛和美洲篮球锦标赛的前 3 名；亚洲、非洲和大洋洲各 1 名。分两组进行两个阶段的比赛决定名次。每四年举办一次，设男子比赛和女子比赛。

2. 世界篮球锦标赛

男子从 1950 年开始，女子从 1953 年开始，男、女比赛分别举行。每届比赛间隔时间不定，一般是 4 年一届，历届世界男篮锦标赛的参加办法不完全相同，到 1978 年第 8 届男篮锦标赛时，参加办法是：上届奥运会前 3 名，上届锦标赛前 3 名，欧、美、亚、非、大洋洲锦标赛冠军队和主办国，被邀请国（按规程规定，主办国可邀请 1～2 个国家的球队参加比赛），共 14 支队分 3 组进行预赛，各取前两名，加上上届冠军和本届主办国队，共 8 支队采用单循环制决赛。

世界篮球锦标赛共有六个世界锦标赛，都是每两年举办一次，具体情况如下。

男子比赛：有 16 支球队参加。

女子比赛：有 16 支球队参加。

青少年比赛：有 16 支球队参加，年龄为 18 岁以下。

22 岁及以下年龄组比赛是一个新设的竞赛，举办目的是为青少年球员在参加成年组比赛之前提供转变期比赛。

斯坦科维奇洲际篮球冠军杯比赛于 2005 年在中国首都北京市首次举办，比赛是由国际篮球联合会主席程万琦博士发起，为表彰国际篮球联秘书长斯坦科维奇为国际篮球发展所作出的贡献，以斯坦科维奇名字命名而举办的比赛。

斯坦科维奇杯是各大洲的冠军或亚军之间的比赛，是世界篮球的交流赛，而斯坦科维奇杯只在中国举行。

第二章　高校篮球教学与训练理论基础

　　篮球教学与训练是现代篮球运动的重要组成部分，是发展运动技术水平和提高运动成绩的主要途径，也是各级学校体育活动和篮球学科建设的重要内容。篮球教学与训练是以传授篮球运动知识、技能为目的而进行的有组织的教育教学过程的基本形式，也是为提高运动员（学生）篮球运动水平所进行的系统、科学的训练过程。体育院校篮球教学与训练的目的是使学生系统掌握篮球运动的相关理论知识与技能，提高运动水平，并有组织地使学生系统掌握篮球教学与训练方面的知识与技能，培养学生组织篮球教学和开展篮球训练工作的能力。

　　在篮球教学与训练中，篮球教学侧重于使学生通过教学活动的过程，基本掌握篮球技术、战术概念、主要技战术方法，规范技战术要求；篮球训练则侧重于提高学生各种技战术方法的熟练性与运用能力，发展其运动技术水平。

第一节　篮球教学理论基础

　　教学理论是教育学的一个重要分支。它既是一门理论科学，也是一门应用科学；它既要研究教学的现象、问题，揭示教学的一般规律，也要研究利用和遵循规律解决教学实际问题的方法策略和技术。

一、篮球教学的专项原则

教学原则是进行各项运动教学与训练必须遵循的准则。篮球教学原则反映了篮球教学的基本规律，也反映了篮球教学的专项特点，是人们经过长期的篮球教学实践，对篮球教学规律的概括和总结。篮球教学原则既对教师的篮球教学工作起着重要的指导作用，也对学生篮球运动技能学习与提高过程具有积极的指导作用，并始终贯穿于篮球教学活动的全过程。

依据篮球运动技能的开放性和对抗性特点，在篮球教学过程中，除了遵循一般教学原则外，还应遵循篮球教学的专项原则。

（一）技术教学与实战运用相结合原则

篮球运动集体同场对抗的基本特征决定了篮球教学过程中必须把实战与对抗作为教学的出发点。在进行技术教学的开始阶段，就要使学生明确篮球运动的对抗特征，建立实战运用的基本概念，而不是把技术方法视为固定的身体动作模式，技术学习与技术运用相脱节，应重视技术教学与比赛实践相结合，培养篮球意识、对抗能力和实战运用的能力。

（二）技术的个体化与区别对待原则

不同的技术动作有其不同的动作规范，体现了技术的个体化与专门化。技术动作结构要符合人体运动学与动力学特征。战术规范是指战术配合符合比赛实战的一般性设计，是为了达到最佳实效。由于学习者在身体形态、素质、智力等方面存在差异，加上比赛过程的千变万化，因此，篮球教学中既要力求学生动作的规范，但也允许存在符合自身条件的动作差异；遵循在规范化的基础上结合个体化的原则，允许学生之间存在技术动作的细微差别，允许战术配合过程中的变化，在教学中照顾不同能力的学生，贯彻区别对待的原则。

（三）专门性知觉优先发展原则

篮球运动是以手控制球、支配球进行投篮得分，以攻守对抗为主要活动形式的运动项目，手对球的精细感觉对于学习运用篮球技术动作至关重要。为了提高学生对球的感知和控制能力，一般可在准备活动中进行各种熟悉球性与控制球的专门练习。

二、篮球教学的特点

篮球教学作为体育教育活动的一个组成部分，是以传授篮球运动知识和技能为目的、有组织的教育教学过程，在这一过程中必须遵循体育教学的基本原理，还应根据篮球教学规律，正确认识篮球教学的特点，这对科学组织篮球教学过程，提高教学质量具有十分重要的现实意义。

（一）篮球教学是一个基本知识传授和基本技能学习的过程

篮球教学活动具有确定的方向性和明确的目的性。体育院校篮球教学的目的是使学生掌握篮球的基本知识、基本技术和基本技能，学会篮球运动的组织教学方法和基本技巧，具备在普通学校体育教学中运用篮球教材组织学生进行身体活动的能力。可以说，篮球教学是侧重于使学生由不会到会，由不懂到懂，逐步掌握各项篮球技术与技能的一个过程。根据教学任务与学生的实际情况，教学往往是从最基本的篮球知识、技术、技能开始的。因此，更强调在篮球教学中必须遵循篮球技术、技能形成的基本规律。

（二）篮球教学以发展学生对球的感知能力为前提条件

篮球运动是以手控球的一项活动，绝大多数技术都是通过手对球的控制与支配所完成的。手对球的感知能力是学习与掌握篮球技能的前提条件。这种专门性感知能力的掌握与提高需要在较长时期的练习中逐步发展起来，这种感知能力的本质属于特殊知觉的发展过程，对练习具有一定的依赖性，即练则提高，不练则倒退。因此，在篮球教学实践中必须重视这一特点，始终重视与加强对学生这种专门性的球感能力的练习，这也是篮球教学的专项原则所决定的。

（三）篮球教学是一个教与学的统一活动过程

篮球教学是把教师的教和学生的学的活动交错或结合在一起的一个双方面的活动。教学活动正是由于有这两方面的共同活动，才使其具有其他活动所不能替代的特殊功效。篮球教学既包括教师传递信息的教授法，也包括学生听讲和观察的学习法，是以解决教学任务为目的的师生共同活动的方法，是指导者与被指导者双方的活动，篮球教学始终是通过教师的不断指导与学生的反复练习来实现教学目标的，篮球教学永远是教与学统一的活动，具有双边性的特点。

（四）篮球教学的组织更强调教师的组织能力与技巧

篮球教学是在篮球场上进行的，课堂上往往面临学生人数较多、可利用场地有限的问题，这给教学组织带来了一定的困难。篮球教学是以发展学生控制与支配球的技能为前提的活动过程，但由于学生技术参差不齐，在学习和练习过程中必然会出现很多的失误，不可避免地影响教学次序，导致课堂混乱，影响练习的强度和密度。这就要求篮球教师必须要有较高的组织能力与教学技巧，能使课堂教学有序地进行。所以说，篮球教学具有组织性与技巧性。

三、篮球教学方法

教学方法是教学过程中师生之间进行信息交流，教师向学生传授有关知识技能时所采用的技术手段，是广大教师多年教学实践中行之有效的经验概括和总结。

（一）篮球教学方法的种类

篮球教学方法的理论基础是传统教育学中关于教学过程的理论。其特点是注重教学双边活动中教师教授知识技能的方法，其教学方法的程式比较简单，各种方法相互配合，构成了以教为核心的教学方法体系，是当前篮球教学的主要教学手段。篮球教学方法主要有以下几种。

1. 演示法

教学中适时地进行技术动作的示范和战术配合方法的示范，运用幻灯、投影、挂图、录像等电化媒体手段，使学生通过观看来直观地感知教学内容。实践中示范要与讲解相互配合，要正确选择示范的队形和示范的面，示范的动作要正确。

2. 讲解法

教学中采用简练准确的语言来分析技术动作的方法和要领、战术配合的方法和要求、运用过程中的注意事项等，使学生通过听来感知教学的内容。实践中讲解要与示范相互配合，讲解的内容要与学生的程度相适应，要掌握好讲解的时机，突出重点，避免冗长枯燥。

3. 练习法

在讲解与示范的基础上，组织学生进行身体练习是掌握篮球技能的最重要的方法。根据练习的形式可分为分解练习、完整练习、简单条件下的练习和复杂条件下的练习；根据篮球运动特点可分为个人技术练习、配合性练习、对抗性练习等。运用练习的方法要讲求实效，合理安排练习的强度、密度和运动量，使学生承受适当的运动生理负荷。

4. 纠错法

在练习过程中，学生不可避免地会出现错误的动作，教师必须及时地采取相应的措施予以纠正，此时要运用纠正错误的方法。教学实践中，教师应注意观察，及时发现学生的错误动作，分析产生错误的原因，寻找纠正方法。纠正时应针对具体情况，抓住主要矛盾，采取有力措施及时纠正。教学实践中经常采用的方法有诱导法和条件限制法。例如，采取简化练习条件和形式，或进一步分析动作和个别辅导，或采取辅助性的慢动作练习，使学生尽快掌握正确动作，形成正确的动力定型。

上述教学方法是一个统一的体系，教学中相互配合使用，单一地使用某种方法不能实现教学的整体功能。

（二）练习时应注意的问题

练习是体育教学的基本形式，也是篮球教学实现教学目标、完成教学任务的基本途径与手段。在篮球教学与训练中有多种多样的练习方法，篮球技术、技能的学习与掌握，通常都是通过动作练习、技术练习、组合练习、配合练习、综合练习、对抗练习等形式进行的，这些不同的练习有着不同的目的、任务和要求，在练习中应特别加以注意。

1. 动作练习

动作练习主要是通过简单的练习形式和方法，解决动作方法由不会到会的问题，教师（教练员）应把注意力放在动作的规范上，从动作结构入手，抓住主要环节。在这类练习中要特别注意观察学生（运动员）完成动作的情况，及时给予帮助、分析，并纠正其错误，使他们掌握正确的动作。然后，再注意动作细节，改进、完善整个动作，使之形成正确的动力定型。

2. 技术练习

技术练习主要是通过由简入繁的练习形式和方法，改变完成动作的条件（如原地、移动、跳起等），增加完成动作的难度（如距离、方向、速度等变化），使学生（运动员）在各种条件下都能完整地完成动作并进一步改进与完善动作。在练习中，不仅是动作的正确性，而且在动作的连贯性、协调性、快速性和准确性方面都进行提高，从而能熟练地按技术要求完成动作，具有初步运用某个动作技术的能力。

3. 组合练习

组合练习主要是把多个单一的技术动作组合在一起进行练习，有同类动作的组合，也有不同类动作的组合，它们大都是由个人在一次控球中完成的，以求进一步提高某个动作技术的运用能力。由于篮球技术的运用具有综合应答的特点，多属组合动作，因此它也是个人比赛能力的基础。组合练习在整个篮球技术练习中运用较多，是配合练习、综合练习、对抗练习的重要组成部分。教师（教练员）应从动作的实用性和队员技术水平出发，选择或设计组合练习。在组合练习中应抓好动作之间的衔接，即抓好影响动作连贯的因素：动作结构、动作数量、动作熟练程度、协调性、平衡能力等，还要从练习的形式和方法、动作的选择、动作的速度、动作的节奏等变化，以及假动作的运用方面去考察动作的灵活性和实效性。

4. 配合练习

配合练习是由两名或两名以上队员共同完成的组合练习，教师除了要注意队员完成动作的正确性和灵活性，以及动作之间的连贯性外，还应注意练习中的位置、距离、路线、行动的时间、动作变化等方面的问题，要求队员相互间协调地行动，提高技术的运用能力，最重要的是培养战术配合意识。

5. 综合练习

综合练习主要是通过不同的练习形式和方法，组合各种动作技术加以综合运用，使队员在球场上的行动，更接近和符合篮球比赛实际的需要，进一步提高学生（运动员）的实战能力。综合练习应在队员已具有一定训练水平的基础上进行。由于练习的内容多、要求高，教师（教练员）应周密考虑练习的针对性、合理性和实用性，对练习中的位置、距离、路线、动作、时间、节奏等方面，要有具体的要求，应强调动作的衔接与连贯，以及配合的相互协调性。教师（教练员）要善于观察分析，注意战术意识的培养，发挥队员的主动性和创造性，提高他们的应变能力。

6. 对抗练习

对抗练习在攻守对抗条件下进行，攻守队员各自有意识地运用各种技术动作，争取主动，制约对方，积累对抗经验，提高实战能力。对抗练习可以是个人的或集体的，可以是固定条件的，也可以是灵活条件的对抗，要逐步提高要求。对抗练习也是综合练习的较高级形式，要求队员不仅要有策略，而且要观察分析对手的意图，采取有效的行动，要充分利用自己掌握的动作技术来实现克敌制胜的目的。因此，更需要学生（运动员）想练结合，不断提高对抗意识、应变能力和实战水平。

第二节　篮球训练理论基础

篮球运动训练是竞技能力的提高过程，即在教练员的指导和运动员的参与下，为不断提高和保持运动员的技术水平而专门组织的教育过程。

一、篮球训练的原则

篮球训练原则反映了篮球运动训练过程的客观规律，是篮球运动训练工作必须遵循的基本准则。在篮球训练中除必须遵循运动训练的一般原则外，还应遵循结合篮球运动特点与规律所特有的专项训练原则。

（一）全队训练与个人训练相结合的原则

全队训练是根据篮球运动集体性的特点，组织的集体训练，旨在提高队员技术能力的同时，提高队员间的技术配合水平及全队的竞技水平。因此，篮球训练十分注重全队训练，从思想作风到技术、战术的训练，都始终紧紧围绕着"队"这一整体的需要进行反复磨合，使之形成一个团结战斗的集体。篮球比赛中，场上不同位置的需要，全队战术的组织与实施都需依靠队员的个人技能去完成，运动员个人能力的强弱直接影响全队的竞技水平。因此，提高队员个体技能水平是篮球训练的一大任务。个体训练是指根据运动员的个人特点、位置要求、技术水平与心理品质的不同，进行单兵练习，以期形成运动员的特长技术。在训练中应将集体训练与个体训练两者合理安排，以达到最佳训练效果。

（二）训练与比赛相结合的原则

训练与比赛相结合是指在篮球运动训练过程中，技术、战术训练要符合实战需要，通过比赛检验训练、发现问题，同时提高运动员在比赛中运用技术的能力，熟悉战术配合打法。通过比赛使运动员获得比赛经验，提高竞技能力。

（三）合理安排运动负荷的原则

运动负荷是在运动训练过程中，各种练习方法和手段对运动员有机体所施加的刺激。运动训练活动都是通过运动负荷而产生训练效果的，没有运动负荷就不成为训练。运动负荷是一个由多因素、多层次构成的系统，有其自身的规律与特点，任何运动项目的训练都必须掌握和遵循这些规律和特点。因此，通过篮球训练，运动员在掌握和提高技术技能的同时，必须结合篮球运动的专项特点与专项运动规律，以及训练任务和训练对象的水平，逐步、合理地安排运动负荷，在不断改进和提高运动员技术技能的同时，不断发展运动员的运动机能，使之更好地提高机体承受运动负荷的能力，提高运动训练水平。

二、篮球训练的基本特征

体育院校篮球专修课篮球训练的主要任务是使学生（队员）的技术、技能由会到熟练掌握，提高运用能力，发展技术水平。篮球运动训练的过程包括起始状态的诊断、目标的建立、训练计划制定、组织实施、检查与评定、目标的实现等环节。不论什么样运动的训练组织形式和具体内容，总有一定的规律，并按照一定的结构组织起来。在《论运动训练过程》一书中，对一个完整的训练过程包括的几个基本环节和这一过程的连续性和阶段性、机体负荷下的适应性与劣变性、组织的集体性与个体性、过程的多变性与可控性等固有属性，做了基本的论述。本书结合篮球运动训练实践，主要探讨突出的两个特征。

（一）训练组织的集体性与个体性

篮球运动训练实践中，特别注重集体训练，从思想作风到技术战术的训练，都紧紧围绕着"队"的需要去反复磨炼，使之形成一个团结战斗的集体；始终把培养相互配合、协同行动、相互帮助、共同拼搏的集体主义精神，贯穿于整体训练之中，目的是使运动员真正认识集体的力量和个人作用，从而使团体形成巨大的凝聚力。

尽管集体训练在篮球运动训练中占有重要的位置，但每名运动员的差异性是客观存在的，比赛中不同位置和战术上的需要、特长技术的发展都需要认真实施个人训练。集体训练与个人训练相辅相成、相互促进和相互制约的关系，对运动训练过程的效应有着积极的意义。

在不同训练时期和阶段中，都要合理安排集体训练与个人训练，把集体训练与个人训练有机地结合起来。个人训练能培养运动员的自觉性和独立思考与训练的能力。越是水平高的运动员，越要区别对待，加大个人训练的比重，提出更高的要求。现代篮球比赛中明星队员的作用，正是个人训练硕果的证明。

（二）训练过程的多变性与可控性

运动训练过程中的多变性是指来自各个方面的多种因素处于不停的运动变化之中，教练员与运动员之间的相互作用反映在竞技能力诸方面的变化上。篮球运动攻、守对抗的特点，也促使训练中通过练习方法和手段的变化来对运动员施加影响，从而产生不同程度的适应与提高，导致运动员竞技能力的变化和应变能力的提高。因此，运动训练过程的多变性是客观存在的。篮球运动训练过程总是处于动态变化中，需要不断改进、完善整个运动训练过程的程序，以便更好地控制。

随着科学技术的发展，人们越来越认识到科学训练理论对实践的积极指导作用。必须以科学的理论为依据，对运动训练过程中运动员的训练行为及其变化加以有效控制。从训练目标的建立、计划的制订、修改、调整到训练过程中信息的传递、加工、反馈都要加以有效控制，做到"管而不死，活而不乱"。系统论、信息论、控制论在篮球运动训练中的运用，就是可控性最好的证明。

三、篮球训练方法

运动训练是在教练员的指导下，根据科学的教育原则，有计划、有目的、系统地提高运动竞技能力，最大限度地挖掘运动员的潜能，为争取优异成绩而准备的全过程。篮球运动训练是教练员与运动员合作的双边活动，教练员组织、指导、教育的主导作用和运动员积极参与的主体作用相互依存、相互促进。篮球运动训练不仅是运动技能不断提高的过程，也是一个复杂细致的教育过程，只有遵循专项训练与思想教育相结合的原则，采用科学合理的训练手段，才能使训练顺利进行，从而达到既定的目标。

（一）篮球训练的基本方法

1. 重复训练法

训练过程中，对某种动作采用同一运动负荷和相同的间歇时间进行多次练习，以达到增加运动负荷和巩固技能的目的，称为重复训练法，例如，篮球运动训练中的连续投篮、传球等。重复次数的多少，对身体的作用不同，对巩固机能的作用也不同，重复次数的多少需依据学生所能承受的运动负荷量和完成动作所需的练习量而定。重复训练法可以分为连续重复训练法和间歇训练法。

2. 变换训练法

变换训练法是在训练过程中有目的地变换练习负荷、动作组合，以及变换练习环境、条件等情况进行训练的方法。训练的环境条件、速度、动作组合形式等变化了，对机体的影响也必然随之变化。这种方法对学生中枢神经系统的协调性和机体调节的灵活性具有特殊的作用。

3. 循环训练法

循环训练法是综合了重复法、间歇法等一系列练习方法的综合方法，它是把多项活动内容设计成若干个站，让队员一站一站地进行练习，通过连续完成多种不同项目的循环，按照学生自身的负荷指标，使负荷量逐步提高，以达到增强体质的目的。这种训练法对增强学生的肌力、提高身体素质、增强心肺机能等都有显著作用。

4. 比赛训练法

比赛训练法是以比赛为训练内容，通过比赛提高队员的篮球技术、战术和意识。比赛是调动队员积极性的有效手段，它可以激发队员的斗志，促使队员积极向上、克服困难，获得优良成绩。篮球运动训练中比赛法的种类多种多样，有教学比赛、检查比赛、测验性比赛等。不论采用哪种比赛法，都要根据教学任务来决定，必须注意运动负荷的调节，严格按照既定的规则进行。

5. 心理训练法

心理训练法是运用心理学的手段，提高运动员心理素质和运动成绩的训练方法。心理训练与传统的身体训练、技术训练、战术训练和人格修炼相结合，构成了现代运动训练的完整体系。心理训练方法很多，但主要包括运动的表象训练法、想象训练法、语言暗示训练法、生物反馈训练法和放松训练法。

（二）训练方法的选择

1. 训练方法的选择要有目的性

为了达到预期的目的，从实际出发，选择或创造性地运用训练方法非常重要。因此，训练方法要有的放矢，要求解决什么问题，提高什么技术环节，目的性一定要明确。任何一种练习方法、一套方法、一系列的训练手段，都是解决特定任务的手段。这种方法练什么，目的是什么，目的性一定要强。

2. 训练方法的选择要有针对性

篮球运动训练方法的选择及运用，首先，要根据本队的训练任务和内容确定。其次，注意从实战出发，抓住技术动作和战术配合的关键环节，严格要求，扎扎实实地解决。每一个训练方法都有它本身的特点和要求，但在各训练方法手段之间都有其内在的联系。如一般身体训练和专项身体训练之间、各种基本技术之间、技术与技术之间等。

3. 训练方法的选择要有实效性

通过练习，应能使队员在比赛中发挥应有的技术和水平，而不是把队员练成"训练队员"。因此，练习方法的选择一定要注意实效性。如果仅为练习而进行练习，最终只能是徒劳，浪费时间。

4. 训练方法的选择要循序渐进

每一种训练方法的选择和使用都要循序渐进，既不能一下子提高好几个档次，也不能让队员永远徘徊在同一水平上。可根据队员的水平选择一些比队员实际水平稍高、难度较比赛情况大些并超出队员水平的练习方法。

5. 训练方法的选择要有趣味性

通过一些有趣的练习方法，尤其是利用一些手段，在练习中提高队员练习的积极性。实践证明，趣味性练习的一些方法比一些乏味练习的效果要好得多，尤其是在进行防守脚步的练习时，多采用趣味性练习的方法，可以减少枯燥性，提高趣味性。如解决防守的低重心问题，单靠平时嘴上强调，讲低重心多么重要，不如采用一个比较有趣味的训练方法进行练习的效果好。实际训练中常采用球不离手的"地滚球游戏"，来练习防守的低重心。

6. 训练方法的选择要有对抗性

在基本技术动作规范掌握的基础上要加强对抗性技术的练习，以增强队员运用技术时的对抗能力，而且在训练手段上要给予保证，以保证对抗性练习的质量，为正式参加比赛打好基础。

7. 训练方法的选择要有比赛性

在实战比赛中提高战斗力，是很重要的一种训练手段。从训练与比赛的关系来说，训练的目的是比赛，训练的任务是创造条件、改变条件、增强实力，在比赛中表现出高水平。训练不能脱离比赛，为训练而训练，只练不打，终究脱离实战。通过比赛使学生或运动员取得实战经验，提高实战能力是十分重要的。在训练课中应有目的地安排 5 对 5 的分队比赛、教学比赛、公开比赛等。

第三节　新时期高校篮球教学的创新性研究

近年来，随着一批优秀篮球运动员在亚洲乃至国际赛场上取得优异成绩，篮球运动得到了大学生群体的广泛热爱，各高校中的篮球活动与参与人数也在快速增加。同时，作为我国体育教学的重要组成部分，我国高校篮球教学工作在篮球人才的培养方面也需要做出符合新时期要求的改进与优化。

一、相关学科对高校篮球教学的影响

（一）人文社会科学对篮球运动的影响

目前，人文社会科学已经渗透到了体育学科的方方面面，并由此产生了多种体育人文学科，如体育哲学、伦理学、社会学、教育学、心理学、管理学等。这些学科的出现，使得体育学的领域变得更加宽广，并且还使体育学的理论基础变得更加充实，这对体育运动水平的发展与提高来讲，起着非常大的作用。

上述这些学科对高校篮球运动所产生的深远影响，具体体现在以下几个方面。

第一，人文社会科学为高校篮球运动的研究提供了全新的思维方法，那就是唯物辩证的方法，这使得篮球运动的科学化研究得到了保障。除此之外，人文社会科学还使得篮球运动的理论基础变得更加充实，使理论体系变得更加完善。

第二，人文社会科学为篮球运动的发展奠定了社会基础，与此同时，也为这项运动的进一步生活化、社会化提供了理论参考。

第三，以科学化的方式管理篮球运动，对篮球运动系统与组织管理机构的效益与效率的提高都有好处，另外，对篮球运动员自身造血功能的提高也有益处。

第四，在体育道德意识与行为方面，人文社会科学对篮球运动的参与者、组织者进行规范，能够有效地提高他们的篮球素养。

（二）生物科学对篮球运动的影响

在生物科学与体育学科相互渗透之下，催生出多个体育生物学科，如运动生物力学、运动医学、运动解剖学等。这些学科对篮球运动的发展具有积极的影响，并且还促使体育运动向更高层次发展，主要体现在以下几个方面。

第一，探讨篮球运动对人体机能的影响与作用的机制与规律，并以不同的性别、训练水平、年龄的人在从事篮球运动时的身体发育，以及健康与机能水平的特点为依据，对高校篮球教学与锻炼进行科学指导。

第二，通过研究不同篮球运动员的身体机能、运动素质及身体形态，对他们的运动潜力进行预测，并以此为运动员们寻找最佳技术动作方案提供依据。与此同时，通过研究与分析高水平运动员的技能动作，将先进的运动技术模式建立起来，进而有效地提升他们的整体技术水平。

第三，探索篮球运动中物质能力代谢的规律与特点，以及从事篮球运动时的消耗特点与运动性疲劳的机理，并通过药物、生物等因素让身体的恢复过程变短，而且还要利用辅助性因素来使运动员的运动能力提升，以此对运动员进行机能评定，制定运动处方，为高校篮球运动员发挥最佳竞技水平，保持最佳竞技状态提供有力保障。

第四，监控高校篮球运动训练的过程，以此为篮球训练计划与方案的调整与制定提供科学依据，并且还要建立先进的运动技术训练与教学模式，这样能够有效预防篮球运动中各类伤病的发生，从而为延长运动寿命，以及提高运动技术水平提供医学服务与指导。

二、高校篮球创新性理论研究

（一）高校篮球技战术的发展趋势

1. 高大和灵敏相结合

高大一直以来都是篮球运动中的一个重要方面。在高校篮球运动越来越重视身体素质的大趋势下，竞技篮球运动员中绝大多数都身形高大，而在选拔球员时，身高与制空优势成了主要标准。篮球世界强队追求的目标在一段时间内都不会变，依旧还是高空优势，但是，需要注意的一点就是对于现代篮球运动来讲，灵活同样重要。

制空权竞争越来越激烈的今天，高大球员同样需要灵活，这样才能够使比赛的主动权掌握在自己的手中，并使获得比赛最终胜利的可能性增大。由此可知，当今世界篮球运动员的发展趋势为：一方面，要有高度；另一方面，灵巧的身体也必不可少。两者都是必需的，都非常重要。

2. 快速和准确相结合

现在篮球比赛的限制越来越多，导致比赛节奏也变得越来越快，而这使得篮球进攻速度也在逐步加快。现代篮球对有节奏地加快攻防转换速度非常重视，与此同时，在高速度、高强度的激烈对抗中，也要注重保持较高的投篮命中率。速度是为了争取主动权，争取时间来控制空间，准确是为了得更高的分，而这些都是现代高校篮球比赛的趋势与特点。

3. 集体力量与明星作用相结合

高校篮球运动中，在强调集体力量的同时，也要重视明星球员的培养。一般情况下，高校明星球员的个人技术比较出色，领导能力也很强。因此，在很多高校篮球比赛中，时常能够看到他们带领球员打出极为精彩的集体篮球比赛。

4. 勇敢与智谋相结合

由于在高校篮球运动中，学生运动员之间的身体对抗很激烈，在训练过程中，教师通常会以实战训练的方式，锻炼学生在面对对抗时冷静思考与准确判断的能力，从而让他们在比赛中做到有勇有谋，并以此将自己的篮球运动水平更好地发挥出来，从而获得比赛的最终胜利。

5. 全面与特长相结合

高校篮球运动发展到今天，要求运动员做到"技术全面、能攻能守"，最好能够做到全面和特长相结合，其中，技术全面可以为运动员在对抗过程当中灵活运用技战术奠定基础；某一项特长则能够让他们在实战中取得比赛主动权，最终获得比赛胜利。

6. 常规与创新相结合

在篮球比赛中，想要让篮球运动不断地向前发展，想要超越前人的成就，就必须要持续地进行技术创新。另外，将常规与创新有机结合在一起，还能够出现许多不同流派和风格打法，由此可见，高校篮球发展的一个重要趋势，就是创新与常规的结合。

（二）合作学习模式的运用

1. 合作学习模式的理论依据

一般情况下，合理的教学模式都具备一定的内在结构，具体环节包括理论依据、目标、评价、流程等，而这几个环节进行有规律的连接之后，就会形成教学模式的基本结构。在高校篮球教学过程中，一般都是以专家问卷为基础来完成合作学习模式的构建的。专家借助问卷的方式来分析与选择模式的目标、组织形式、教学方法、考评方法等，并对这些进行排序，这样就形成了合作学习教学模式的基本结构。

在我国高校篮球运动教学模式中，占据主导地位的依旧是传统教学模式，这导致我国高校篮球教学无法满足现代社会对篮球人才的需求。而合作学习模式的建立与发展则会为高校篮球教学提供有益的指导，并且这种方法也是一种优化的教学模式，是值得各所高校学习与借鉴的。

高校篮球选项课中的合作学习教学模式，是以合作学习理念为依据进行设计的，主要由选择理论、教学思想、发展理论、动机理论、认知理论等构成，这些对高校篮球教学来讲，有一定指导意义。

2. 合作学习模式的流程

（1）制订计划。教师在制订教学计划的过程中，需要针对教学方法、内容、目标，以及和教学相关的问题，进行讨论和协商，并且要在最终有一个统一的意见。

（2）异质分组。合作学习模式当中最基本并且有效的教学形式，就是小组合作。在运用这种教学形式的时候，应严格遵守两项基本原则：一是"组间同质"；二是"组内异质"。

（3）素材准备。无论是哪一种教学模式，都必须认真地考虑教学素材准备这一环节。高校体育教师应当围绕教学内容在课前设置一些基本问题，比如，战术传切配合的要求、防守队员怎样进行防守等，另外，还应提供一些收集上述材料的途径与方法。学生应当依照教师先行设置的问题，做好上课的准备，对于合作学习小组的成员来讲，则可以通过图书馆、网络等查阅资料，小组成员需要进行简单动作的练习与理论准备，这样做对解决问题是很有利的。

（4）要点讲授。在完成教学的过程中，体育教师应当做到授课时间不要过长，但是效率一定要高，除此之外，教授的课程不能过满，还需要留一些内容进行小组活动。

（5）指导合作。对于此种模式中的合作学习过程而言，其实就是师生共同发展、交往的一个互动过程。在教学过程中，教师应当组织、鼓励学生进行模仿学习、自学、自编、自练，倡导他们勇敢提出自己的质疑与问题，并与学生合作、探究，这样的话，能够使学生分析与解决问题的能力得到显著提升。

（6）适时调控。在教学过程中，体育教师应当认真分析学生的理论学习，以及技术与战术的掌握情况，及时进行公正、客观的反馈与调控。实际上，有效的调控和反馈，能够激励学生更好地学习篮球理论，指导篮球运动实践。在学生通过自己的努力或者在同伴的帮助之下，学会了某种技术动作之后，就能够产生非常大的满足感和成就感。

3. 合作学习模式的具体操作

（1）合理分组。如果要采用合作学习教学模式，首先要进行分组，那么合作学习小组的合理性就会直接关系到篮球课合作教学的效果。为了使分组更加具有科学性与合理性，在分组时应注意三个方面，具体包括：① 分组要均衡；② 分组人数结构要合理；③ 根据实际情况适时互换或重组。

（2）师生合作。师生之间的关系，是高校篮球教学中最重要、最基本的人际关系。在篮球课堂之上，师生进行的交流与合作，除了能够形成比较良好、融洽的学习氛围之外，还能够让学生的身心健康获得良好发展，从而让学生们的合作变得更加融洽。积极的交流能够将教师的教学热情最大限度激发出来，能够使学生以轻松的心情学习篮球知识，进行篮球实践；另外，还能够增加教师与学生之间教与学的相互作用，将学生的主体性充分发挥出来，最终使教学相长的目标得以实现。

更为直接的人际交往是高校体育课的重要特点之一。在篮球运动教学过程中，体育教师应当遵守尊重、信任、共时性的原则，并通过不断提升自身素质，努力创建和谐、民主的教学环境，来构建合作型的师生关系。

4. 合作学习模式的评价

在进行教学评价时，一个重要的组成部分就是对高校篮球运动教学的评价，就是客观地衡量教师的教，以及学生学的质量的判断过程。在合作学习模式中评价合作学习小组，实际上是一个相当复杂的过程，它除了很重视个体评价之外，还要重视合作小组的评价。

学生个体评价具体指的是，评价学生规定考核的内容，而它的评价方式则是师评。合作小组评价具体是指评价平时的小组活动的学习效果，采用师评和互评相结合、个体评价与小组评价相结合的方式。

这两种评价能够将学生学习的积极性充分调动起来，进而能够使高校篮球教学质量显著提升。在评价合作学习模式的过程中，应多注意以下几方面。

（1）评价的整体性。在完成合作学习模式评价体系构建的过程中，需要重点考察的一个方面就是整体性。在新教学观念的引导下，现在的教学过程是一种探索性与引导性并存的教学过程，而不再只是传统的知识传授。教学安排得恰当、合理，可以让学生探求知识的过程变得轻松、愉悦，与此同时，还能够感觉到人与人之间团结协作的重要性，从而提升自己的整体素质。因此，在应用合作学习模式评价学生的时候，既要评价他们的技战术能力，也要评价他们与其他人的合作是否融洽等，这样才能够使评价具有客观性、有效性、科学性和准确性。

（2）评价的全面性。在对高校篮球合作学习模式进行评价时，一定要注意评价的全面性。由于高校篮球运动教学过程是师生的双向活动过程，既包括教师的教，也包括学生的学，因此，要求评价方式具有多元性。评价方式应当采用自评、互评与师评相结合的方式，这样才能够让学生由被动转变为主动，由消极转变为积极，进而实现教学的目标。

（3）评价的激励性。评价的语言应当具备激励性，即为评价的激励性。由于大学生的心理正处逐步成熟的阶段，他们的自主意识需要通过别人的评价间接实现。所以在进行评价时，必须要将评价的激励性体现出来，只有这样，才能够使学生经由评价对自己有一个全新的认识，能够对自身价值有准确的判断，从而建立自己的自信心与进取心。

（三）系统控制在高校篮球训练中的运用

1. 系统控制的含义

系统控制的具体含义为：在某一个事物系统当中，运用系统原理从微观及全局入手，来整体把控全局，也要协调系统当中不同部分和要素之间的关系，进而使系统能够与要素协调发展，进而实现"整体比要素之和大"的目标。教师应当以高校篮球运动的特点，以及系统原理为依据，在篮球运动项目中运用系统控制，在应用过程中需要做到以下两点。

第一，要先将高校篮球训练的系统确定下来。

第二，要以实际训练情况为依据，逐步将需要训练的内容纳入系统控制当中，让学生全面地提升自己的技战术水平，并且也要不断提升球队的整体协同作用，保持一个不断向前发展的态势。

2. 高校篮球训练系统控制的构成

如图 2-1 所示，是高校篮球运动队的训练系统。

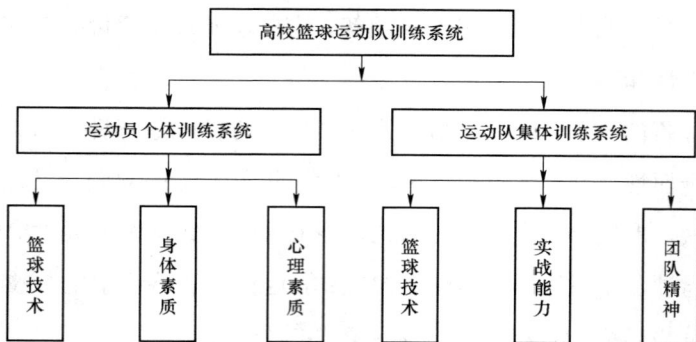

图 2-1　高校篮球运动队的训练系统

（1）篮球技术训练系统。如图 2-2 所示，为高校篮球技术的训练系统。

其主要内容包括：争夺球动作，具体为断球、打球、抢球、抢篮板球等；移动动作，具体为跳、跑、转身、急停等；控制支配球动作，具体为运球、接球、传球、投篮等；另外，还有由这些动作所组成的动作体系。

在高校篮球比赛中，运动员的篮球技术既是核心，也是他们竞技水平最显著的标志。

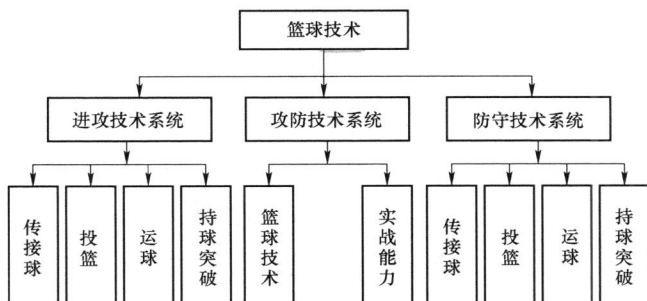

图 2-2　高校篮球技术的训练系统

（2）篮球身体素质训练系统。作为篮球技战术训练当中，一些训练的基础，身体素质训练实际上是一个有目的、有组织的系统发展过程，它的目的就是让学生的体能、体格及基本活动能力有效地改善与提升。身体素质训练系统的组成部分包括：耐力、速度、弹跳、力量、柔韧等子系统。

①　力量训练系统。其主要包括的子系统为：力量、耐力力量和最大力量。

②　速度训练系统。其主要包括的子系统为：动作频率、反应和动作速度。

③　耐力训练系统。其主要包括的子系统为：一般耐力和专项耐力。

④　弹跳训练系统。其主要包括的子系统为：一般弹跳素质和专项弹跳素质。

（3）篮球心理素质训练系统。现在，越来越多的人开始重视运动训练中的心理素质训练。所谓心理素质训练，指的就是有目的、有意识地影响运动员心理特征的过程。在篮球系统控制当中，心理素质训练所起的作用是非常重要的。让运动员的心理产生适应训练的全新变化，是进行心理素质训练的目的，这有利于今后的比赛。

心理素质训练的子系统主要有两类，一类为时空感、专门化知觉，以及球感、情绪、意志等；另一类为赛前、赛中、赛后的心理素质训练。

（4）篮球战术训练系统。篮球战术指的是队员个人技术的合理运用与队员之间相互配合的有效组织形式。运用篮球战术能够更好地发挥出球员的个人技术和特长，获得比赛的主动权。篮球战术是技术的配合，而技术则是战术的基础。战术组织的正确性除了与每一个运动员的作用与特长有关系之外，还是赛场上争夺胜利的关键。

（5）篮球实战能力系统。在篮球运动比赛当中，运动员在合理运用个人技术的前提下，收获良好比赛效果的能力，被称为实战能力。如图 2-3 所示，为篮球实战能力系统，其主要包括战术意识与战术指导思想两个方面。

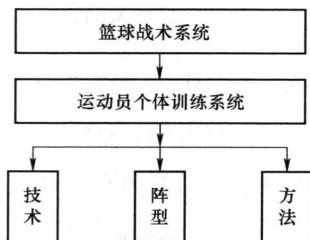

图 2-3　篮球实战能力系统

（6）篮球团队的合作精神系统。篮球队中所有成员的意志品质、信念、价值观、理想的整合，以及纪律、作风、士气等综合表现，被称为团队合作精神。倘若一个团队的合作意识是比较优秀的，那么队员与教练、队友之间的行动与意图就能够达成一致，从而使球队的战斗力显著提升。

3. 篮球训练中系统控制的运用

（1）树立系统控制理念。因为篮球运动的训练内容是很多的，所以在比较短的时间内，如何提升学生的技战术水平与运动能力，并让球队获得较强的实战能力，以及保持比较旺盛的生命力，均为体育教师应树立的系统控制的新理念。另外，教师应当从宏观的角度来把握整体局势及看待问题。

（2）确定篮球运动训练系统。通过系统控制法来完成篮球训练时，体育教师应当以学生的身体素质、年龄与运动能力等为依据，并且还要和运动的特点相结合，再将具体的高校篮球运动训练内容确定下来。在训练过程当中，一定要对系统控制训练的各个子系统进行合理编排；另外，也需要遵守训练过程中的一般规律，而且还要以大系统的指标来检验和评价训练。

（3）训练中合理落实系统控制的理论。

① 将长期系统训练与赛前训练的关系处理妥当。促进运动员的全面发展及球队的可持续发展，是运用系统控制理论进行篮球训练的目的。因此，应当从整体的角度来完成全面、系统的训练，除此之外，还要做到阶段性和赛前训练、长期与赛前训练相结合。

② 处理好队员与球队发展之间的关系。队员和球队的关系等同于局部和整体的关系，由于不同球员之间存在着个体差异，因此，任何一个运动的训练计划都应当有针对性，与此同时，还需要结合全队的训练，以及球队的整体发展要求。

③ 将各系统之间的协同关系处理妥当。在训练过程中，各系统和要素之间是互为促进与补充的，所以在训练的时候应兼顾子系统之间的协同发展。

④ 将篮球训练与比赛的关系处理妥当。使运动员锻炼出比较高的篮球运动水平，使球队获得好的比赛成绩，就是训练的目的，而高校篮球比赛是学生展现自身综合技、战术能力的平台，因此，篮球比赛是非常重要的。在这种情况下，训练必须要与比赛相结合，但是，由于训练并不能与比赛划等号，所以高校篮球运动应当在促进学生身体素质提高的基础上，给予学生心理、生理素质充分的重视。

（四）高校篮球技战术的创新思维与突破

1. 高校篮球运动技战术创新的哲学理念

高校篮球运动的理论基础为辩证唯物主义的哲学理论，而攻守对抗的对立统一是篮球运动在矛盾中发展的最基本特征。该哲学理论将篮球运动的内外矛盾之间相互联系的根本内容与发展源泉揭示了出来，而构成篮球运动中攻守对抗的重要组成部分，就是篮球技战术。

以辩证唯物主义的观点进行思考，并抓住高校篮球运动本身的矛盾，将运动技战术之间的相对统一的创新关系处理好。这对树立正确的高校篮球观念与指导思想，以及深化对高校篮球运动的认识都是有利的，而且还能够增强对高校篮球运动规律的深层认识，推动高校篮球技战术向新的层次不断创新发展。

2. 篮球运动技战术之间的辩证关系

在高校篮球比赛中，运动员进行攻防专门性动作的方法就是篮球技术，同时，它也是一种在对抗情况下，合理运用专门动作的能力。而在高校篮球比赛中，运动员之间有意识、有组织、有策略地综合运用各种技术，来完成攻守对抗的布阵行动，被称作是篮球战术。

篮球技术，一方面，是战术的基础；另一方面，也是实施战术的手段。只有运动员之间有目的、有意识地在赛场一定区域、时机内合理地运用技术，才能够构成有效的战术。运动员只有全面掌握技术，才能够使战术的实施得到保障。与此同时，战术还是技术的组织形式，并为技术的发挥创造了条件。战术同样需要相应的熟练与准确的技术，或是技术的创新才能够完成。两者之间是内容和形式的辩证关系，是紧密相连的。

3. 攻防技战术各因素自我突破和完善

即便是实施成功了的攻防战术，也会有一定的弱点，截至目前，都没有出现一种无懈可击的、永恒有效的战术。即便是战术这一次的应用成功了，但并不保证下一次就一定能战胜对手，也就是说，即便是战术应用失败了，也不能够判定它是一个不合理的战术。在高校篮球运动中，攻防技战术争斗变得越来越激烈，而成败只是相对来讲的。因此，在制定战术时，需要合理借鉴失败背后合理的方面，以及成功背后的否定因素，只有这样，才能够对篮球攻防战术的发展与创新起到更好的促进作用。

通常情况下，新的技战术都是在一次又一次否定陈旧技战术的基础上诞生的，可以说，每一个创新与改革都不是非常顺利，但这只是暂时的挫折。因为新事物的诞生不一定是一直向前的，也可能是在曲折中前进与完善的。

综上所述，高校篮球运动是在高技巧、高速度、高空间下的激烈对抗中不断发展的，篮球运动技战术的不断创新促使其迅速向前发展。技战术的创新对高校篮球运动不断突破一个又一个难题，登上一个又一个高峰起到了非常重要的推动作用。对于今后高校篮球运动的发展而言，建立一个技战术创新理论体系，科学、合理地指导技战术的创新实践，具有非常重要的意义。

（五）高校篮球技战术创新的规律与原则

1. 篮球技战术创新的概念

发展高校篮球运动的过程中，需要不断经历修订、改革、创造、创新与完善，只有这样，才能够向前发展。对于高校篮球技战术的创新而言，既包括在原有基础上重新组合超越过去的再创，也包括完全新颖的首创。现代高校篮球技战术的创新很多都属于再创，因此，可认为技战术的创新是教练员（或者运动员）在原来的技战术理论与实践的基础上，对原来技战术的机理、功能、方法、结构及应用时机的改变，与此同时，还会与一定的比赛实践结果相结合的一种创造性活动。

2. 篮球技战术创新的规律

（1）螺旋上升规律。在高校篮球运动当中，攻防矛盾是产生篮球新技术的一个重要原因。球队想要获得胜利的欲望通过比赛表现出来，并且还会为了胜利而要求技战术的创新，从而提高竞赛水平，而水平的增加又会使比赛变得更加激烈，进而对技战术产生新的创新要求，如此反复进行下去。也正是这种持续不断、循环往复的创新要求，使得篮球技战术的创新处于一种无止境的螺旋上升状态。

（2）交互作用规律，具体为：① 技战术创新的相互影响。篮球战术决定了技术的综合运用，而技术则是战术发展的基础，这种关系决定了两者之间是相互影响的。由于技术是基础，因此，创新需要先从技术开始，在技术得到创新之后，战术就会有创新的条件。反过来看，如果战术想要有什么创新，必然会对技术有新的要求。由此能够看出，技术的创新与战术的创新之间的关系是相互促进与相互制约的。② 篮球规则同样影响着篮球技术创新。篮球技术创新还会受篮球规则的影响，比如，5 秒、8 秒、24 秒的篮球规则，就对篮球快速进攻技术的发展具有推动作用；与此同时，规则也会有限制作用，这种情况下，会促进技术创新向多元化和高水平的方向发展。

（3）新陈代谢规律。在整个篮球运动的发展过程中，到处都体现了新陈代谢的规律，一项新技术的出现，必然在很大程度上会取代原来的技术，从而占据领先地位，篮球技战术同样如此。但是，需要注意的是，在一个技术处于高峰时，它也正处于淘汰期的边缘，而新技术则会在这个时候被孕育，这就是所谓的高校篮球技术的代谢规律。篮球技术发展的一个客观规律，就是新旧更替，其中包括四个时期，即萌芽、发展、完善与消亡。人们只有抓住了恰当的时机来完成创新，才能够让篮球技术得以不断向前发展。

（4）矛盾相克规律。一直以来，高校篮球运动中都有相互矛盾、对立的关系存在，具体表现为：攻防、制约及反制约之间的相互依存、促进、对立与克制，也正是由于这种矛盾相克的规律，才能够使高校篮球技战术的创新活动充满活力。

3. 篮球技战术创新的原则

（1）超前性原则。对于高校篮球技战术的创新来讲，必须要遵循的一个原则就是超前性原则，现在的超前性主要是要将超前的思维、实践、设计、运用等几个方面体现出来。而先发制人则是对高校篮球运动技战术进行超前性创新的最主要目的。倘若我国高校篮球发展想要处于领先地位，就必须要着眼于自己领先技术的发展。

（2）针对性原则，具体为：① 针对比赛选手的特点。针对比赛选手进行的技战术创新，主要是针对不同的对手在关键人物、高超技术，以及风格打法、发展方向方面的特点来完成构思的。② 针对技战术应用者的特点。针对技战术应用者的技战术创新，主要指的是针对运动员技术特长、战术意识、机能形态、智力水平、身体素质等特点所进行的创新。③ 针对技战术发展趋势的特点。针对技战术发展趋势的技战术创新，主要指的是针对技战术发展的动态及篮球规则所进行的创新。

总之，如果想要创新出具有实效性的篮球技战术方法，就必须要严格遵守针对性原则。

（3）可行性原则。高校篮球运动技、战术创新必须要遵循的另一个基本原则就是可行性原则。只有在与球员自身条件，以及比赛实践要求、篮球运动规则相符的情况下，才能够使技战术的创新具有实际的可行性。那么怎样才能够增强技战术创新的可行性呢？最需要做到的一点就是对自身的实际情况进行认真分析。只有对自身的实际能力与特点有了深刻的认知之后，才能够创新出与自身条件相符的篮球技战术。

综上所述，篮球技战术创新是一个复杂的创造过程，因此，在创新的过程中必须遵循创新的各种基本原则。

第三章　高校篮球教学的医务卫生知识

我们要采取正确的方法和手段对运动性疲劳和运动性损伤进行治疗，疲劳和损伤是体内综合作用的结果。运动性疾病在篮球运动中经常会发生，一些自身身体状况不是很好、平时又缺乏运动或者几乎没有参加过比赛的运动员更容易引起运动性疲劳和损伤。

第一节　篮球运动性疲劳的缓解

运动性疲劳是由于运动引起的疲劳，是运动训练和体育锻炼中不可避免的现象，疲劳时人体的运动能力下降。运动性疲劳是运动训练过程中正常的现象，没有疲劳就没有训练。可以这么说，运动性疲劳是衡量运动负荷是否足以刺激机体产生适应性变化，达到新的适应水平的可感知目标。

一、延缓运动性疲劳的方法

（一）延缓运动性疲劳的原则

在篮球运动中，运动性疲劳出现得晚，对提高锻炼效果有帮助，延缓运动性疲劳应坚持以下几个原则。

（1）合理安排训练内容，避免局部负担过重而产生局部疲劳。

（2）坚持长期不懈地锻炼，努力提高身体素质。

（3）加强心理锻炼，提高自身的心理素质和抗压能力，有助于提高运动员的意志力，缓解症状。

（4）合理安排饮食营养，学习科学的饮食方法，帮助身体存储更多的能量。

（5）运动项目中，项目不同，功能系统也不一样，在平时的锻炼中要培养和自身运动项目互相匹配的功能能力。每一个功能的训练方法都不同，在平时的练习中要掌握不同的训练特点，培养自身的功能系统能力，能够推迟疲劳。

（二）延缓运动性疲劳的方法

延缓运动性疲劳的方法又叫作预处理。目前预处理所用的方法除了缺血预处理之外，还包括缺氧预处理、预热预处理、运动预处理、高压氧预处理、药物预处理、电刺激预处理、针灸等。

现代研究还发现，缺血预处理在经典的心肌缺血预处理之外，肾脏、小肠、肢体等心外组织器官的短暂性缺血对自体心肌也有保护作用，也可以缩小由于长时间劳动导致的缺血引起的心肌梗死面积。

二、缓解运动性疲劳

想要缓解身体的运动性疲劳的症状就要采取正确科学的方式和手段。缓解运动性疲劳有如下方法。

（一）按摩

缓解运动性疲劳有多种方法，按摩是其中一种，按摩可以促进身体的血液循环，帮助人体排出身体中多余的代谢产物，使得身上的肌肉更加灵活。

按摩的方法有多种，包括机器、人力、水能、气压等按摩方法，其中大家主要推崇的是人工按摩手法，这种按摩手法可以通过按摩肌肉、穴位等来帮助人体达到放松、治病的功效。

1. 人工按摩的功能

按摩作用机理和人体经络息息相关。人体的经络是气血运行的途径，人体中的经络对身体气血运行起着重要的作用，如果经络不畅通就会使得人体阴阳失衡，造成身体的疲惫甚至引发疾病。

我国传统的中医认为按摩的作用主要有疏通气血经络、活血化瘀、平衡阴阳、加强气血、调和脏腑、增强人体抵抗力、强身壮骨等。

西医认为按摩有两方面功能。其一，人工按摩可以调节人体的内分泌，防止内分泌失调，加快肠胃的代谢速度；其二，按摩还会使得大脑神经兴奋，改善大脑皮质的功能。

2. 按摩的基本方法

按摩也叫作推拿，在中国有着悠久的历史，按摩方法多种多样，各具特色，有成体系的规范动作和技术要领。

想要掌握稳定和熟练的按摩技巧，首先要有有力、持久、柔和、均匀、渗透的技能，主要的按摩方法包括：① 推摩法；② 捏法；③ 揉法；④ 擦法；⑤ 点法；⑥ 按法；⑦ 搓法；⑧ 抖法。

3. 按摩在运动性疲劳消除中的运用

篮球运动的实践证明，运动按摩对运动员克服赛前机能失调、加速体能恢复、消除赛后疲劳有非常明显的效果。

关于在运动中怎样运用按摩能够达到最佳的效果，本书从以下几个不同阶段进行讲述。

（1）运动前按摩。通常在篮球比赛开始前对身体、肌肉、关节等进行按摩，会让身体中的关节、神经及内脏器官动起来，适应将要面对的身体和心理的负担，预防伤病，提高自身抵抗力。在运动前按摩能让运动员保持良好的身体状态，延缓疲劳出现的时间。

（2）运动中按摩。运动中按摩 3～5 分钟即可。如果操作得好，进行运动中按摩往往能够缓解训练或比赛中出现的疲劳、关节无力、肌肉僵硬等症状。

（3）运动后按摩。在大型比赛或者紧张的训练后，身体会出现短暂的肌肉紧张、神经紧张或者疲劳等症状，这一般是由于身体在进行比赛后平衡受到外界的破坏，神经、体液、呼吸等发生了很大的变化。这时候对身体进行按摩可以帮助身体恢复以往的平衡，提高身体的体力。一般有三种按摩方法：① 不同部位的按摩；② 踝关节扭伤后的按摩；③ 消除精神疲劳的按摩。

（二）运动疗法

运动疗法通常是以生理学和运动学为基础，通过锻炼，人体的肌肉关节得到舒展，达到缓解疲劳、促进身心健康的作用。运动疗法包括以下几种。

1. 积极性休息

积极性休息也就是变换身体的活动部位或者是改变自身的运动强度。相关研究发现，用右手进行测力器工作疲惫时，如果换左手工作，右手便能得到更好的休息，而且恢复得更加迅速有力，这就是积极性休息。在积极性休息中，左手开始工作时肌肉的收缩会加重右手的神经抑制，使右手恢复更快。

一般来说，积极性休息的时候身体内的乳酸比静止休息的时候恢复得快，所以说积极性休息在目前的市场上应用十分广泛，是缓解运动性疲劳的主要方法。

2. 整理活动

整理活动通常是在训练结束后为了恢复体力进行的一些比较轻松愉快的身体练习，运动后的整理活动可以缓解运动后的肌肉紧张、身体疲劳。

通常来说，运动员如果在跑到终点后立即停止运动，血液就会骤然集中在下肢的血管中，血液回心量就会减少，这会导致自身血压降低，引起身体的不舒服，头晕，短暂性脑贫血，严重的还可能出现休克。

所以说整理活动对于运动后的运动员来说非常重要，可以帮助运动员调节心血管系统或者呼吸系统使其处于一个良好的状态，还可以帮助身体排解运动产生的乳酸。

整理活动一般包括如下几个项目：慢跑、深呼吸、健身操、静力牵伸练习等。静力牵伸练习的活动有助于缓解肌肉的紧张、改善肌肉的状况、消除肌肉长时间运动造成的疲惫、放松精神、排解身体产生的乳酸等。

运动后的整理活动可以使身体更快更好地恢复健康，但是为了保证达到整理运动最好的效果，在做整理运动时一定不要选择运动强度大的运动，应该进行轻松、舒缓的有氧运动。

（三）物理治疗

现代生物学、物理学的快速发展，让物理治疗成了临床综合治疗非常重要的部分。

物理治疗主要应用牵引、按摩、机械设备等力学因素和水、电、光、声、磁、冷、热等其他物理因素来预防和治疗伤病，利用人体生理对物理刺激所做出的反应来达到物理治疗的目的。

1. 物质因子

物理因子分为天然物理因子和人工物理因子，不同的物理因子在治疗过程中所起的作用也是不一样的。

天然的物理因子通常包括空气、阳光、水、矿泉、高山、大海等，利用大自然赋予的物理因子进行日光浴、海水浴或者大气浴，能够吸收能量，有助于免疫功能的增强及机体功能的恢复，帮助人类战胜自然、防病治病。

人工物理因子通常有电、光、热、冰、药物等。

2. 物理治疗的机理

物理治疗是一种使用物理原理的医疗方法，通过非药物的治疗来影响体液、神经和经络而使身体的创伤得到康复。

物理因素作用于肌体会引起一系列反应，主要有自由基形成、温度梯度、离子迁移、pH 变化、组织形态、生化过程酶的活化等表现。

（四）传统康复治疗

传统康复治疗技术主要有针灸技术、身体拔罐技术、手法按摩、中药等，这些康复治疗的方法主要是帮助身体疏通经络，增快身体血液循环，调节人体阴阳，缓解人体运动后的疲惫和紧张，增加自身抵抗力。

对于比较简单、单一的损伤，假若采取多种类型的治疗手段进行治疗，缓解的功效更强。

（五）营养疗法

在机体进行篮球运动后，运动性疲劳恢复的关键是恢复机体的能量储备，主要包括：完整的细胞膜、身体内的微量元素保持平衡、肌肉的能量储备、身体中关键酶的活性。保持身体能量的最基础物质供应是补充自身营养。

糖对保持身体能量具有十分重要的作用，在篮球运动中也占据着能量供应的位置。补充糖类对于身体营养补充有重要的作用，在运动员感到身体疲劳时补充糖类可以恢复血糖。

在大强度的篮球运动后，身体会损耗很多能量物质，这时便需要补充能量，特别是碳水化合物，必须给予足够的补充，在通常的饮食结构中，碳水化合物只能在 72 小时后得到弥补，但是若在运动后及时补充富含碳水化合物的食品，身体将会在 24 小时内就恢复本来的水平，要想快速消除运动后带来的疲劳，还应该适当地补充一些蛋白质和脂肪。

在补充能量时，一般按蛋白质、脂肪、糖的比例进行均衡补充，通常补充比例为 1.2:0.8:4.5。

篮球运动对于糖的损耗较多，因此膳食中糖的含量要高，三种能量通常按照 1.2:1:7.5 的比例补充，如果个人运动负荷量较小，这时就需要补充比普通人能量更高的糖，通常按照 1:0.6:3.5 的比例进行补充。

不同的运动项目，负荷量不同，所需要的能量也不同，补充能量需要根据运动项目特有的特点进行补充，只有这样补充才能够让身体更好恢复。

人体除了要补充适量的脂肪、糖和蛋白质外，还应该补充适量的维生素。维生素的作用非常多，它不仅对于维持人体的机能和代谢有帮助，还可以提高人体的运动能力。

在高强度的篮球运动后，身体消耗的碳水化合物比较多，维生素 B、维生素 C、维生素 E 的流失也比较多，身体比较疲惫，需要补充大量的维生素 B 和碳水化合物。

所以说，在篮球运动后应该及时补充身体需要的能量来缓解运动后的疲惫，在补充能量时应该选择一些有助于肠胃消化但却有营养的食物，如水果、蔬菜等。

（六）睡眠疗法

睡眠能够帮助人体恢复体力，消除运动后的疲惫感，在睡觉过程大脑处于休息状态，身体的新陈代谢处于最慢的状态，但是合成代谢比较快，所以说能够帮助身体储藏能量。

每个人都要保证一天的睡眠时间，最少保证 8 个小时睡眠时间，尤其是在参加运动训练或者比赛期间，更应该注重睡眠时间，适当延长睡眠时间，还要保证一定的午休时间。

（七）水浴疗法

物理疗法中有很多治疗运动性疲劳的方法，在篮球运动后经常采用温水浴或者局部热敷的方法来消除肌肉的紧张，缓解疼痛，经常进行局部热敷或者温水浴有助于加快身体的血液循环，加快身体的新陈代谢。

温水浴时水温要控制在 40 ℃，热敷的温度保持在 47 ℃左右，温水浴的时间一般是 15 分钟左右，热敷的时间通常是 10 分钟，消除疲劳的手段还有很多，如光疗、电疗、蒸汽浴等，这些方法都有助于促进身体的血液循环，加快身体的新陈代谢，放松紧张的肌肉，缓解身体的疲劳。

（八）心理放松疗法

心理放松疗法指的是利用心理学中的原则、方法和技巧，与病人沟通，帮助他们走出情绪困境，解决他们的心理难题，使他们放松精神的一种治疗手段。

在运动员完成训练后，心理处于紧张状态，肌肉也处于紧张状态，这时候如果利用心理放松疗法进行治疗，可以缓解运动员的心理紧张，更快地调整自身机能。

心理放松疗法中应用较为广泛的方法是音乐疗法，通过音乐的声音刺激，使患者生理或者心理产生一系列连锁反应，舒缓情绪，放松紧张的神经。每种音乐的类型不一样，对人体造成的影响也不同，一般分为以下几种类型。

节奏很快并且有力的音乐可以帮助人体加快血液循环，增强人的心脏功能。节奏鲜明有力的音乐可以帮助人体增快自己的心跳，提高神经的兴奋度。旋律轻缓的音乐可以帮助人们疏解紧张的情绪、缓解紧张的心灵、保持心情愉快，排解人体工作的疲惫。音乐还能够改善人们的记忆力，集中大脑注意力，提高人们对环境的适应力。节奏较为慢的音乐主要可以抚慰人的心灵，使得人的心灵得到放松。

第二节 高校篮球运动性损伤的预防与处理

一、运动性损伤的预防

（一）运动性损伤预防要遵循的原则

在运动中为了预防运动性的损失，一般应该遵循以下原则，以避免伤害的发生。一般来讲，避免运动性损伤要遵循以下几点。

1. 提高教练员的知识水平

对运动员进行防伤教育，广泛开展宣传工作，提高运动员的防伤知识水平，增强运动员的安全意识和纪律意识，以及团队责任感，增强自身的防伤技能。

2. 科学安排训练内容

科学合理安排运动员的运动量。

3. 加强身体素质训练

提高运动员自身的适应能力，增强运动员的身体素质，这个对于防止运动损伤有着重要的作用。

4. 加强医务监督

定期检查监督训练中的设备并进行维护。

5. 加强自我保护

在宣传教育工作中增强运动员的自我保护意识，使得运动员在运动中能够尽可能地保护自身不受伤害，降低运动损伤的发生率。

（二）运动性损伤预防所采取的措施

运动员在进行篮球运动时，为了更好地控制和降低自身损伤的发生概率，可以采取以下几种措施。

1. 提高身体素质水平

有良好的身体素质，有较强的爆发力和协调组织能力、有良好的平衡能力和心肺功能才能确保运动员取得好的成绩，这些条件可以保证运动员较少发生损伤，所以说运动员平时应该增强锻炼，保证自身有一个良好的身体条件。

运动员要根据不同运动项目的特点训练不同项目的易伤部位，提高自身身体素质，减少损伤。

2. 增强运动员的预防意识

通过各种方式增强运动员的预防意识，例如，经常举行自我保护的知识讲座，积极开展急救知识讲座，宣传防护方法和措施，教会运动员自我保护的技巧，经常进行交流，互相学习。

对运动员加强安全意识的灌输，增强运动员对运动损伤的预防技巧，保证运动员有良好的身体素质，最终提高自身的运动成绩，分析运动损伤的原因，得出经验，降低运动损伤的概率。

3. 要熟知身体状况

锻炼者在锻炼前及锻炼中应该进行严格的体格检查，特别是要检查身体有无伤病，如果身体某部位患有先天性畸形，那一定不要从事该部位负荷量大的运动，例如，腰部畸形的人不要从事健美操、举重等腰部负荷量大的项目，副舟骨的患者不要从事跑跳类的运动项目，尽量降低该部位的运动量。

运动员在运动中要配合工作人员做专项普查，检查身体中易伤或者畸形的部位，及早发现损伤部位，与社会体育指导员配合，给予及时处理。

锻炼者也要学会自我监督，学会内脏器官的功能检查和各种多发病的自我检查。

4. 学会自我保护

一方面，运动员要有自我保护意识，在运动中需要学会自我保护，学会适当使用各种保护支持带来保护自己，在运动中如果关节、肌肉出现疼痛要学会使用保护支持带固定。

另一方面，体育指导员要制造必要的保护设施来保护运动员，教会他们自我保护的技巧。

5. 创造良好的环境

在锻炼和比赛中应该定时检查设备、设施的安全性，对有损坏的设备要及时进行维修，平时也要进行严格的设备设施的卫生监管，定期进行检查。

运动员还要保持自身运动服装的清洁和干净，在雨雪天气里要采取相应的防护措施。

二、运动性损伤的处理

篮球运动损伤的预防是必要的，进行及时的初步急救是重要的，预防得当可以很大程度上降低损伤的发生率，损伤处理得当可以加快损伤的修复。

运动者掌握一些运动损伤的预防和治疗急救措施是非常必要的，若损伤处理不当，容易加重伤情，延长损伤治愈时间，严重的话还会留下残疾或者其他后遗症。

（一）擦伤

1. 症状

擦伤后表皮脱落，有一些组织液从伤口处流出。

2. 处理方法

小面积的擦伤只需要用生理盐水或者其他辅助性药水冲洗伤口消毒，伤口处涂抹紫药水。

大面积的伤口需要先用生理盐水冲洗伤口，涂抹上红药水，然后覆盖上消毒布，最后再包扎好。

通常面积较大的伤口容易感染，这时要在伤口处用酒精或者碘酒进行消毒。

如果创面中不小心进入了沙粒等颗粒物，这时要用棉球擦上生理盐水轻轻地刷洗伤口处，然后消毒撒上云南白药，最后包扎。

如果包扎后伤口不发生感染，大约两周时间伤口可以愈合。身体的关节方面擦伤，用碘酒或者酒精消毒后要用青霉素软膏进行伤口涂抹，确保不影响以后的关节活动。

（二）挫伤

1. 症状

挫伤后一般表现为皮肤肿胀、皮下出血，伴有一些疼痛感、功能障碍等问题，单纯的挫伤只是伤口处有红肿，内脏器官损伤时会有头晕脑热、脸色苍白、心情烦躁、四肢无力或者四肢发冷的症状，严重的还会出现休克。

2. 处理方法

在肢体受伤后要对肢体进行局部冷敷，对肢体进行包扎，抬高患者的肢体，防止出现肿胀和出血。

股四头肌和小腿后群肌肉在受到严重挫伤后通常是有一部分的肌纤维断裂，组织内出血形成血肿，这时需要把患者的腿部抬高，然后立即送往医院。

当四肢或者躯干受到挫伤，可能会导致患者暂时出现休克，需要及时注意病人的脉搏或者呼吸状况。如果出现休克要对病人做抗休克处理，让患者平躺休息，进行止血止痛等；如果患者感到剧烈疼痛，要马上给患者肌肉注射哌替啶；如果发现患者有更严重的内脏损伤，那就要赶紧送患者到医院了。

（三）肌肉拉伤

1. 症状

肌肉拉伤后通常表现为局部肿胀、充血、痉挛、疼痛等，如果肌肉发生断裂，则伴有非常疼痛的撕裂感，关节也失去控制，而且还会在断裂处出现隆起。

2. 处理方法

拉伤后先用喷雾剂让受伤部位冷敷，然后包扎伤口处并且把患者受伤肢体放在使拉伤的肌肉轻松的位置。

对于轻微的拉伤，可以采用针刺疗法进行治疗，肌肉完全断裂的患者需要在局部加压包扎好，等到把四肢固定好以后再把他送到医院。

通常而言，拉伤 48 小时后要进行相应的按摩，但是要求拉伤后的按摩手法一定要柔和，否则不仅不会治疗损伤，还有可能加重损伤病情。

（四）腰部扭伤

1. 症状

腰部损伤后，主要表现为以下几个症状。

（1）有明显的受伤史。

（2）伤后腰部立即出现剧烈疼痛、持续性疼痛，休息后症状减轻，病情严重者，受伤时有撕裂感，并有腰部折断的感觉。

（3）喷嚏、咳嗽、用力大便时可使疼痛加剧，局部皮下淤血、肿胀，腰不能挺直。轻者双手叉腰缓行，重者需要他人搀扶行走，腰痛加重，起卧和翻身都不能自理。

2. 处理方法

急性腰部扭挫伤患者要有一定的卧床休息时间。用木板床，腰后垫一小褥，减轻病理反应，使肌肉韧带松弛，避免重复受伤。处理损伤的措施有很多，如中药、针灸、推拿按摩、盆骨牵引、火罐等。

（1）推拿按摩。推拿按摩有多种方法，如弯腰膝推法、掌揉指针法、揉按拔伸法、贴背颤抖法及抱膝滚腰法。

（2）中药治疗。在进行中药治疗时，首先要对病人的损伤情况了解清楚，损伤的初期和后期方法是不同的。

（3）针灸疗法。重点位置是痛点，并可选取肾俞、委中、昆仑、环跳、承山等穴位做针刺。

（4）火罐疗法。用梅花针在环跳、腰部、骶部等痛点针刺，再拔火罐，有少量瘀血渗出即可。

（5）骨盆牵引。病人仰卧在硬板床上，用骨盆带绕腰部固定，带的左右两侧各连接一根牵引线连到床的足端，另一根骨盆带固定在肋下，并用两根牵引线固定在床的头部，然后摇动牵引床，牵引重量为 10 千克，共牵引 10 次，一天一次，牵引时间大于 30 分钟。

通过上述方法使腰部损伤得到缓解之后，还要做到以下几点：损伤早期应该睡硬板床休息，缓解肌肉痉挛，减轻疼痛，防止继续损伤。

待疼痛缓解后，进行腰骶肌练习：仰卧伸膝勾脚收抬腿，仰卧伸膝抬臂，握杠后伸腰腿，每个动作根据病人肌肉的力量情况循环重复若干次。

（五）关节、韧带扭伤

1. 指间关节扭伤

（1）症状。急性损伤时关节周围红肿，局部压痛，疼痛剧烈，运动功能发生障碍。若一侧韧带断裂，则出现轻度侧弯畸形和异常的侧向运动。关节脱位时，伤指向背侧屈折成畸形。X 光拍片检查，有时可见指骨基底部的撕脱性骨片。

（2）处理方法。在运动中急性扭伤后要立即进行冷敷或者固定包扎，若指关节断裂严重需要固定三周。

此外，还可用粘膏支持带将伤指与患侧邻近的健指进行固定，但拇指、食指桡侧和小指尺侧韧带断裂时必须用夹板固定。

假如指关节韧带断裂严重，在冷敷固定以后没有效果就要马上前往医院治疗。

2. 肘关节内侧软组织损伤

（1）症状。在肘关节急性损伤后，肘关节肿胀，有明显疼痛感，而且活动范围十分有限。在进行运动前的准备活动后疼痛渐渐消失，但是一旦重复受伤动作，肘关节就又会出现疼痛。

（2）方法。急性损伤后要立即进行局部冷敷，一般用冰袋进行冷敷，然后进行包扎，并且在屈肘 90° 固定好，在损伤后的 24 小时后要进行痛点注射，在肘部意外损伤后使用按摩治疗时要特别注意，因为肘部的损伤，如果按摩力度不合适将会造成更严重的外伤性骨化性肌炎，因此要小心使用按摩法。

3. 肩关节损伤

（1）症状。肩关节在内外旋转时产生强烈的阻碍感，活动范围十分有限，损伤处有痛感。当上臂从 180°上举位放下时，在 120°～60°间出现疼痛。

急性肩关节损伤，肩部疼痛一般是在肩部外侧发生，还有一些损伤是在颈部发生。

（2）处理方法。上臂放在外展 30°的位置，期间应该注意休息，然后进行按摩、针灸或者外敷中药。

按摩可以用推、搓、揉、滚等手法，配合选用肩髃、曲池穴等，最后活动上肢和运拉肩关节。如果有肌腱断裂的现象，应当前往医院。

4. 踝关节扭伤

（1）症状。踝关节肿胀，有明显的疼痛感和皮下淤血。

（2）原因。踝关节扭伤是体育运动中十分常见的现象，通常发生在跑跳或者滑冰类的体育训练比赛中，一般是由于运动员起跳后落地姿势不准确造成的。

（3）处理方法。踝关节扭伤后要立即用冰袋进行冷敷，然后用绷带固定好伤处，最后抬高受伤部位。

在受伤后的 24 小时内不可以进行热敷或者对佐处按摩，按摩、敷药需要在 24 小时后进行。

5. 跟腱断裂

（1）症状。跟腱断裂是非常严重的运动损伤，足部表面没有异常的现象，但是病人会感到剧烈疼痛，而且没有足部活动能力。

（2）原因。通常是在运动比赛中发生突然转向或者强行停止导致跟腱意外损伤。

（3）处理方法。发生这种情况要用冰袋对损伤处进行冷敷，然后固定包扎好，抬高患体，严重的话送往医院。

（六）颈部软组织损伤

颈部具有后伸、前屈、左右侧屈、左右旋转等功能，是人体活动较频繁、活动范围较大的部位，因此十分容易发生损伤。运动员在篮球运动中，经常会发生颈部软组织损伤。

1. 症状

颈部软组织损伤的症状主要表现为：多有外伤或睡眠后颈部出现疼痛的病史；伤侧有轻度肿胀，肌肉痉挛；伤后头颈部向一旁歪斜，患侧颈部肌肉强硬转侧不利；每当旋头或仰头时疼痛加剧，颈肩背部有明显压迫感，患侧肌肉处于紧张状态，肩胛内缘有压痛点；颈部扭伤多为一侧疼痛，疼痛向背部放射。

2. 处理方法

颈部软组织损伤后，要采用相应的措施进行处理。具体采取的措施一般为针灸、中药、按摩及耳穴疗法。

（1）针灸治疗。常用针刺穴位有大椎、风池、合谷、外关等，昆仑、后溪、悬钟为备穴。用强刺激手法，刺双侧或一侧主穴，嘱咐病人做颈部活动。

（2）中药治疗。颈部软组织损伤大致分为两种，慢性损伤和急性损伤。使用中医疗法处理颈部软组织时，应该选择适合的方法。

当病人是慢性损伤时，治疗应该活血壮筋，用壮筋养血汤，水煎，温服，一日 3 次，一次 1 剂，外贴活络膏。

当病人是急性损伤时，治疗应该活血通络，温寒散结，用小活络丹，一日 3 次，一次 3 克，局部贴伤湿止痛膏。

（3）推拿按摩。推拿按摩的治疗方法，可以根据损伤的实际情况进行选择，主要方法包括：① 揉捏摇晃法；② 点按端提法；③ 点压按摩法；④ 拿捏舒筋法；⑤ 弹拨推揉法。

（4）耳穴疗法。耳穴取颈神门穴，绿豆 2 粒，放在伤湿止痛膏中间，贴在选定的穴位上，同时按压贴好的耳穴，由轻到重，按至有疼痛感、发热为止，并嘱咐病人转动头颈。大多数病人可以缓解症状，最后取出胶布和绿豆。

（七）脑震荡

1. 症状表现

发生脑震荡，病人会有瞳孔突然放大、神志不清、脉搏舒缓、肌肉松弛、神经反射减弱或者消失的现象；通常在清醒后会头晕、恶心、精神状态不佳、记忆力减退、耳鸣、失眠、情绪不稳定甚至呕吐等。

2. 处理方法

轻微的脑震荡现象，经过一段时间可以自愈，不需要住院，但是应该注意情绪稳定，减轻脑力负担，注意休息，可得到有效缓解，甚至痊愈。

如果脑震荡情况严重，要马上让病人身体平躺，对脑部进行冷敷；如果是昏迷，按压病人人中、内关、合谷穴；如果还是昏迷不醒，呼吸困难，应该立刻对病人进行人工呼吸。

如果采取上述措施病人还是昏迷不醒，出现耳、鼻、口出血，瞳孔放大不对称，就代表病人病情严重，需要马上送到医院治疗，途中让病人保持平躺。

治疗之后要及时检查病人的脑震荡情况，一般采用如下的检查方法：单腿站立、闭目、展开两臂，如果病人保持平衡，则证明症状缓解良好。

这时，可根据自身的伤情和恢复状况，进行适宜的运动锻炼，但是运动过程中，应尽可能地避免滚翻和旋转性动作，防止病情复发。

第三节　运动性疾病的预防与处理

运动性疾病是由于运动训练或比赛安排不当而出现的疾病或异常，常见的有过度训练、过度紧张、心律失常、运动性蛋白尿、血尿、管型尿、血红蛋白尿、肌红蛋白尿、运动性贫血、运动性高血压、低热、运动员肝脏疼痛综合征、停训综合征等。

一、运动性疾病的预防

（一）运动中腹痛

1. 症状

在慢速度和小负荷的篮球运动中，腹痛不明显，强度增加和运动负荷增加时，腹痛会加剧。腹痛部位，常为病变脏器所在：左上腹痛，多是由于脾瘀血；左下腹痛，多是由于宿便引起；右上腹痛，多为肝脏瘀血、肝胆疾患；右下腹痛，大多是阑尾炎；中上腹痛，多是急性或慢性胃炎；腹中部痛，多为蛔虫病和肠痉挛。

2. 预防

为了防止出现腹痛，在运动前一定要做好准备，调节呼吸节律，合理安排膳食，饭后不宜马上参加剧烈运动，运动前不宜过饱或过饥，也不要饮水过量。

运动中应该遵守循序渐进的原则，科学合理增加运动量，发生严重性腹痛要立刻到医院进行检查治疗，没有痊愈前，病人应在医生指导下运动。

（二）运动性贫血

1. 症状

血液检查时，血红蛋白含量减少，男性低于 120 克/升，女性低于 105 克/升。主要症状有乏力、食欲差，易倦、头晕、记忆力下降等。运动时症状较明显，常伴有心悸、气促等。主要的身体特征为心率较快，皮肤和黏膜苍白，心尖区可听到收缩期吹风样杂音等。

2. 预防措施

（1）运动前要准备合适的鞋子，防止在运动中意外摔伤或者扭伤，还要做准备运动。

（2）男、女运动员要定期进行医务检查，加强对他们的医务监督，如果运动员体内的血红蛋白低于正常人的血红蛋白标准时，需要马上停止现阶段的训练，在专业的医务监督下，待血红蛋白正常时，才开始训练。

（三）运动性血尿

运动性血尿指的是一般人在剧烈运动后出现的血尿状况，经过医生检查找不到任何原因的功能性血尿，这种状况在篮球的训练和运动中经常出现。

1. 症状

浑身无力，头晕脑热，尿道有强烈的灼烧感，四肢沉重无力，小便颜色不正常，呈现红色、茶绿色或者黄褐色，也有的会呈现红色葡萄酒的颜色，肾功能检查、血液化验、腹部 X 线检查等均正常。

2. 预防

在进行剧烈的运动或比赛训练时，要合理安排运动负荷，合理安排运动量、动作难度、运动强度，并在运动期间补充水分，伤后的运动和运动器官负荷量应避免足底受力，要加强医务监督。

（四）运动性蛋白尿

运动性蛋白尿属于功能性蛋白尿（或良性蛋白尿），是运动后出现的一过性蛋白尿，在篮球体育项目中属于比较常见的运动性疾病。

1. 症状

如果是短时间出现蛋白尿，伴有轻微血尿，通常在 24 小时后会自动消除；如果是严重而且持续时间长的蛋白尿情况，会逐渐出现头晕眼花、心悸气短、浮肿、疲倦乏力等症状。

2. 原因

（1）肾血流量减少。长期参加篮球剧烈运动时，去甲肾上腺素和肾上腺素分泌增多，机能一时性障碍，肾血流量减少，肾缺血、缺氧，血管壁的营养发生障碍，对滤过功能造成影响，血浆蛋白通过肾小球膜进入，得以较多地排出。

（2）肾小球通透性增加。在篮球运动时，血浆蛋白增多，血浆肾素活动增加，肾小球对蛋白的渗透性增加。

（3）外伤。在篮球运动中，泌尿系统受到外力的打击而受到损伤。

（4）器质性疾病。尿结石类的病人易受损而导致蛋白尿。

（5）酸性代谢物。运动员在高强度的运动后，身体的乳酸增加，这时出现代谢酸血症。

3．预防

（1）因人而异，由于每个人身体状况不同，因此需要根据每个人不同的情况设置运动量。

（2）在运动过程中加强安全监督，随时检查设备设施的安全性，避免损伤发生。

（3）加强医务监督，定期进行体检。

二、运动性疾病的处理

（一）运动中腹痛

用手指抵住疼痛部位，然后弯腰跑一段距离即可缓解或减轻疼痛。调整呼吸和运动节奏，减慢运动速度和降低运动强度。

以上方法如果还是没有奏效就要马上停止运动，立刻服用止痛药或者点按相关穴位，同时进行热敷按摩，如果还是没有效果的话就要送病人到医院治疗。

（二）运动性贫血

要根据患者的具体情况，适当减少运动量，必要时应停止训练。口服硫酸亚铁片剂，有助于治疗缺铁性贫血，补充身体所需要的铁元素，改善营养，还要补充富含铁和蛋白质的食物。

（三）运动性血尿

1. 一般处理

减少运动量，增强自身的医务监督，如果有不舒服应该停止运动，并且到医院进行检查，如果有更严重的症状就应该立即去医院。

2. 中医治疗

表现为赤涩热痛，小便频繁，舌红苔黄，尿血等症状的下焦瘀热证。宜凉血止血，用小蓟饮子加减，温服，一日1剂。

3. 西医治疗

通常使用止血药，注射三磷酸腺苷、安络血等。

（四）运动蛋白尿

1. 一般处理

发现有蛋白尿时，首先要查明原因。若运动量过大所致，要及时调整运动计划，减轻运动强度和运动量，同时，加强医务监督。若运动后出现大量蛋白尿，则应排除器质性疾病或适应能力差的可能，需要严格观察。

2. 针灸治疗

取穴位三阴交、大椎、委中、譬喻、合谷、曲池、血海、内关、阴陵泉、太冲、曲泽、足三里、肾俞等穴，针刺得气后，留针大约15分钟。

第四章　高校篮球教学模式

第一节　高校篮球分层教学模式

当前时代，我国的教育改革步伐越来越快，传统的篮球授课模式已无法满足当前教育发展的要求，因此需要创新高校篮球授课方式。为了满足当前教育改革的教学要求，紧跟时代步伐，全方位提高学生素质，分层教学模式扮演着举足轻重的角色。本节首先对分层教学模式的含义和其应用价值进行阐述，其次明晰分层教学模式的相关教学原则和在教学中的运用方法，最后提出其在篮球教学中的应用策略。结合高校篮球教学实践，通过将分层教学理论与高校篮球教学方法相结合，提高高校篮球课程教学水平和教学质量，促进分层教学模式在高校体育教学中的运用与实施，以期为高校其他体育选项课教学提供参考。

一、分层教学的含义及价值

分层教学，就其本质而言就是一种递进的、分层次的新型教学模式，是将每一个学生作为独立个体看待，以学生的生理和心理差异为出发点展开的针对性教学。由于当代大学生在先天素质、体育素养、篮球水平等方面存在客观差异，体育教师在进行课程教学时，应根据学生间的差异和教学资源，对学生进行有针对性的分层教学，针对不同能力、水平的学生适当调整教学内容，做到因材施教，促使学生掌握篮球技术的掌握，培养体育兴趣，促进学生终身体育习惯的养成。高校教师在体育课程教学中进行分层教学时，应充分结合高校体育的目标和功能，充分借助体育课程的实践性和教育性特点，在促进学生运动技能学习和体质发展提升的基础上，对学生运动参与、心理健康、社会适应等方面进行培养，充分发挥体育课程的隐性功能；引导学生在体育课程学习过程中相互帮助、共同进步，促进学生提高篮球水平，培养体育兴趣，养成运动习惯，培养学生良性竞争与合作的意识，为进入社会后能更好地发展打好基础。

二、高校篮球课程教学现状分析

篮球运动作为一项深受大学生喜爱的团队类体育项目，包含跑、跳、投等基本身体活动，对提高大学生身体素质、培养大学生体育兴趣与体育习惯具有重要意义。

现阶段，高校篮球运动教学主要存在以下问题：在教学目标上，教师对篮球技术及身体素质的重视程度较高，对学生团队合作能力、运动体验未充分重视；在课程内容上，课程教学仍停留在篮球技术学习，教学比赛在课程教学中的课时不够；在教学方法上，仍以"教师示范—学生模仿"传统体育模式为主，导致学生课程投入度不高；在教学实施上，教师未能充分重视学生个体差异，导致部分学习基础较差的学生学习动力不足、学习效果较差。

三、高校篮球教育分层教学的原则

随着现代体育观念的持续深化，篮球运动已成为高校体育的一门重要课程，该课程的根本目标是使学生在篮球运动中收获快乐，并且锻炼身体获得强健的体魄。但从生活实际来看，学生的身体天赋、素质、领悟能力等方面都存在着不同程度的差异，这也导致了同班级学生篮球水平参差不齐。如果按照传统的以教师为中心的灌输式的统一教学模式进行教学，教学效果肯定会大打折扣。因此，采用分层教学模式来满足现代教学的要求是客观和必要的。

（一）因材施教原则

宋代朱熹提出，"圣贤施教，各因其材，小以小成，大以大成，无弃人也"。大学生由于其先天身体素质、领悟能力、体育基础、体育爱好、运动习惯等因素存在差异，高校体育教师在进行课程教学时，应提前对学生进行学情分析，了解不同学生的个体差异与体育基础，通过在课程设计中运用分组教学、分层教学等教学方法，帮助学习基础较差学生掌握运动技术。同时，通过开展小组互教互学，让运动基础较好、运动水平较高的学生进行学生间互教互学，促进运动技术较高的学生运动技术的掌握与巩固，增进学生间的沟通与交流，促进学生沟通表达能力与团队合作能力的提升。

（二）主体性原则

在篮球教育教学的过程中，高校教师要把握教学方向，主动发挥作用，以体育学习为前提、学生全面发展为根本，将每个学生个体进行主体最大化，以每个主体的差异为基础，相应地制订教学目标和教学计划，解决学生在体育教学中"吃不饱"与"不够吃"的问题，使每名学生能够学有所得。例如，在分组比赛中，教师应根据学生的不同运动水平进行分组，并适时调整分组和人员配备，使不同运动水平的学生都能获得胜利的运动体验，促进学生篮球运动兴趣的提高。

（三）激励性原则

皮格马利翁效应反映了期望和爱在促进学生学习热情方面的巨大作用。当然，不仅是赞扬、鼓励、奖励、期望和爱的积极强化，也包括适当的批评等消极强化。在个人心目中，重要人物的鼓励的提升作用大于普通人。一般来说，学生心目中教师是较为重要的角色，基于此，教师在体育课程中应充分重视对学生的激励，通过对不同运动水平的学生采取不同的教育激励方式，激发学生学习篮球的兴趣。例如，在技术练习中，教师有目的地将水平较高的学生与水平较低的学生分成一组，通过团队的练习与学习，使水平较低的学生也能体验运动的乐趣、团队的力量和胜利的愉悦，促进学生的全面发展。

（四）动态性原则

世界万物都是动态的，体育课程教学也是如此。学生的成长每时每刻都在发生变化，教师要以动态发展的眼光来看待学生，针对学生的学习效果、课堂表现、进步程度，合理调整教学内容，为不同运动水平学生的课程学习内容设定"最近发展区"，并根据学生运动技能的掌握，适时调整学习内容与教学方法，促进学生学习动力的保持与技术水平的提升，通过运用激励性教学语言与方法，使学生充分感受到篮球运动的乐趣，在体育运动中获得成功感、获得感，促进学生自我效能感的提升，促使不同运动水平学生全面发展、共同进步。

四、高校篮球教育分层教学的实施策略

（一）教学目标分层，加强教学针对性

当前，体育教师在教学实践中，通常都是以教学大纲的模板来制订教学计划和教学内容，但是这种"一锅煮"教学方法会让教学效果大打折扣，对基础较弱、素质较差、学习较慢的学生造成打击，影响其学习兴趣。相对来说，运用分层教学模式，体育教师可以在充分了解每个学生的身体素质和篮球基础的基础上，根据学生的具体情况调整教学计划、目标和内容，动态且灵活，极大地激发了基础较弱的学生学习篮球的兴趣，提高教学质量。所以，高校篮球教师就算按照教学大纲来设计教学内容时，也需要根据分层教学法，将学生分成不同层次，确保每个学生都能找到适合自己的学习方法和训练方式。

（二）教学内容分层，提高教学有效性

在对教学目标进行分层的基础上，篮球教学授课内容也应进行相应的分层，在多元化教学内容设计的基础上，针对学生体质差异和运动基础的不同，对不同层次的学生设计相应的教学内容，通过优化教学过程、创新教学方法，在有限的课堂教学时间内充分满足不同运动水平、学习基础学生的篮球运动学习需求，在课程教学中贯彻以学生为中心的教学理念，因材施教，有的放矢地开展教学设计，运用多种体育课程教学方法开展教学，促进课堂时间的有效利用，充分尊重学生的个体差异，给予学生个体发展更多的自由空间，从而确保教学目标的有效实现。

（三）教学评价分层，丰富教学获得感

基于对学生与教学过程和内容的分层，继续使用传统一视同仁的教学评价模式，不仅会严重打击学生的积极性，而且会降低最终的教学效果。基于此，教学评价分层是高校体育教师在篮球教学中应做的最后一项重要工作，教师应针对不同层次的学生区分评价方法和评价指标，杜绝否定性语言，多使用激励性语言对学生进行评价，促进课程教学评价的多样化与多元化，提升学生的学习获得感与个体满足感，注重学生运动体验与自我效能感，促进学生身心全面发展。

综上所述，在素质教育普及的今天，高校体育教师应树立以人为本的教学目标，紧跟教育改革的步伐，践行以学生为中心的教育理念；在课堂中敢于创新教学方法与组织形式，充分借助体育课程对大学生的教育目标，通过分层教学模式进行篮球教学，更好地发挥教师在教学组织中的作用，提高教学质量；要以正确的眼光看待每名学生的差异，并以此为立足点，合理确认教学目标、设计教学计划、改善教学内容，有针对性地开展教学活动，培养大学生体育兴趣，提升学生体质，促进学生终身体育习惯的养成。

第二节　高校篮球俱乐部教学模式

一、篮球俱乐部教学模式的特点

（一）灵活性特点

在传统的篮球教学过程中，每个学生接受的教学方法和教学内容都是一样的，对篮球基础好的同学来说，可能因为教学内容过于简单，提不起学习兴趣；而对篮球基础较差的同学，可能觉得教学内容难度过大，跟不上教学进度。在传统教学模式中，老师只注重自己的教学进度，很少会考虑学生到底掌握了多少。这种教学模式过于死板，教学方法单一。应用篮球俱乐部的教学方法，可以根据学生的实际能力与学习情况，制定有针对性的教学内容，通过教学、训练、比赛等，提高学生的积极性。在篮球俱乐部教学模式中，可以让分层教学法得到很好的应用，根据学生的篮球水平进行分类，按照不同的分类，安排最适合的教学内容与教学方法，让每个学生都能进步。

（二）全面性特点

采用篮球俱乐部的教学模式，可以更好地提高学生的篮球技能，这种教学模式对老师的专业技能要求是非常高的。通过组织篮球比赛，让学生在实战中提高自己的能力。在比赛时，老师可以安排学生当裁判，让学生更好地掌握篮球规则，提高自己的裁判技能。老师还可以要求学生自己组织比赛活动，提高学生的组织能力和管理能力。因此，篮球俱乐部的教学模式可以让学生各个方面的能力得到提升，对学生的全面发展有非常重要的作用。

（三）自主性特点

在传统的教学模式中，学生只能按照老师的教学进度进行学习，完全跟着老师的教学节奏走，这样不利于学生篮球能力的提升。有了篮球俱乐部的教学模式，学生有了更多的主动性，可以自主选择学习内容，老师根据每个同学的能力大小制订适当的学习计划，让每个人都能获得最大限度的提升。在篮球俱乐部教学模式中，学生是教学的主体，老师作为学习的指导者，让学生可以充分发挥自己的才能，不断提高自己的能力。

二、篮球俱乐部教学模式建立的过程

（一）教学程序的建立

要建立篮球俱乐部教学模式，高校的体育部门就要安排专业技能较强的老师作为俱乐部的领头羊，学生可以自主选择学习的导师。篮球俱乐部要有好的学习环境，建立集竞技、兴趣于一体的教学模式，让学生可以愉快地学习。这样既能完成高校的篮球教学任务，又能真正提高学生的篮球技能。

（二）教学方法的选择

篮球俱乐部的建立还要有好的教学方法，这样才能实现共同的教学目标，完成共同的教学任务。在篮球俱乐部教学模式中，学生应该是主体，老师作为学生学习的引导者，在教学时要加强学生技能的培养，通过训练与比赛增长学生的专业技能，做到课内外相结合。

（三）教学内容的确立

篮球俱乐部的教学模式需要一种自主的学习氛围，所以教学内容的制定是灵活的、丰富多彩的，不仅要加强学生专业技能的培养，还应该重视理论教学，让学生可以系统地掌握篮球知识；注重对学生体育能力、运动习惯和意识的培养，提高学生的专业素质，把学生培养成真正的人才。

三、高校篮球俱乐部教学模式的运行机制

要把培养学生的体育技能、体育兴趣和树立终身体育精神作为篮球俱乐部运行的指导思想，充分调动学生的积极性，激发他们的创造力；建立良好的学习氛围，让学生可以在竞技的环境中提高自我。有了篮球俱乐部教学模式，可以丰富校园文化生活，创造良好的育人环境，这对培养人才、选择人才有非常大的促进作用。篮球俱乐部的发展是体育教育的延伸，它以学生的年级为单位设置教学训练中的应用，每个年级有自己的实际情况，采用分层教学的方法。培养学生的判断能力是篮球俱乐部教学和训练的重要组成部分。篮球竞赛规则的制定，教师可以详细讲解，安排比赛教学让学生进行裁判练习，对于临场出现的问题，教师应及时纠正，从而提高学生的裁判能力。

高校篮球俱乐部这种教学模式是根据学生对篮球教学的需求，以及学生自己的兴趣和特长，形成的一种新型的教学模式。通过这种教学模式，可以开展篮球比赛，让学生掌握篮球技能，培养学生对篮球的兴趣。高校的篮球俱乐部模式，与商业性的俱乐部是不同的，这种教学模式符合篮球教学的规律。可以利用课余时间组织一些有益的活动，提高学生的篮球技巧，让学生得到更好的培养。篮球俱乐部教学模式具有灵活性、全面性和自主性的特点，可以让学生更好地学习专业知识。篮球俱乐部教学模式，是高校体育教学改革的重要产物，这种教学模式符合高校体育教学发展的趋势，为培养专业人才提供了良好的平台，不仅能够提高学生的专业素养，提升篮球技能，还有利于学生的全面发展，极大地推动了我国高校体育教学的发展进程，这种教学模式适合我国高校体育教学与校园体育活动的特点，符合高校体育教学改

革发展的要求。

第三节　新媒体高校篮球教学模式

随着我国科技水平的不断发展，现在我们已经进入信息高速前进的时代，新媒体已经慢慢融入我们的日常生活之中，尤其是教育事业。新媒体在教学当中的应用为我国的教育事业发展带来了新的生机和方向。在高校篮球教学当中，新媒体的应用使传统的教学模式有了新的创新空间。高校的篮球教学在体育教学当中起着重要的作用，可以培养学生对体育运动的兴趣，增强学生的体质，新媒体时代的发展，使我国的高校篮球教学模式得以创新。本节将针对新媒体时代高校篮球教学模式的创新给出建议，并对现阶段高校传统篮球教学模式中存在的问题进行分析，给出新媒体时代下的解决手段。

新媒体时代的到来，在高校篮球教学中采用传统的教学模式已经没有办法适应学生的学习需求，在新时代下，高校篮球教学发展现状并不乐观，日常的教学工作面临着很大的困难和挑战。在高速发展的信息时代，新媒体可以为高校学生提供大量的最新信息，在某种程度上可以协助高校学生更好地进行课程学习，但是在学习过程当中，很多高校学生还是利用新媒体进行游戏娱乐，这就会使学生的学习成效受到影响，所以在新媒体时代，要对高校篮球教学模式进行创新，调动高校学生的篮球学习热情。

一、传统高校篮球教学模式现状分析

（一）教学内容及模式过于单一

根据现阶段的教育体制改革现状，高校篮球教学在高校的体育课程当中有着非常重要的地位，在体育课程安排中，篮球课程已经正式加入体育课程当中，并对学生的篮球成绩有所要求。但从目前的情况来看，高校在进行篮球教学时仍有很多地方需要改进，尤其是在教学的内容和模式方面，由于高校篮球教学加入体育课程的时间比较短，现在教学的内容相对于其他课程还过于单一，没有系统的教学模式步骤，大多是对其基本动作进行教学，缺乏全面性，这就使得高校学生很难学习到深入的技巧，达不到正规教学内容的标准，进而没有办法取得比较满意的成绩，学生会失去对篮球课程的学习兴趣，成绩得不到保障。

（二）太依靠书本，忽略学生的感受

在传统的篮球教学模式当中，高校存在的一个最大的弊端就是老师在进行课程讲解时多是依靠书本教学，书上怎么说就怎么去教，很难有自己的创新内容，教学的目的就是一味地提升学生的篮球成绩，并不注重高校学生在学习篮球课程当中的真实感受，而课程的安排也过于简单。对高校学生进行篮球教学，主要的教学目标是培养学生对篮球项目的兴趣爱好，从而提高高校学生运动的意识，增强学生的体质，促进高校学生综合素质的提升。所以，在教学当中保证成绩是一方面，最重要的还是高校学生学习体育项目的兴趣和热情。

（三）课程直观性较差，不便于学生学习

学习篮球课程时可以发现，一般在课堂上是老师对篮球的某个动作进行讲解和演示，但是示范的时间较为短暂，对理解能力强的学生来说可能练习起来比较容易一些，但是对理解能力和实践能力都比较差的学生来说，对正确动作的掌握就不会那么好，而且只是通过比较短暂的课上时间去进行锻炼和学习会很容易遗忘，这非常不便于高校学生去进行学习记忆，导致高校学生无法达到理想的篮球学习效果。

二、新媒体时代对高校篮球教学模式的影响

（一）积极影响

在高校篮球教学当中，新媒体对其的积极影响还是比较多的，主要表现在以下几个方面。

（1）新媒体为学生的日常学习生活带来了便利，新媒体时代是信息时代，高校学生可以通过信息进行沟通交流，尤其对篮球教学来说，学生可以通过互联网去查询篮球的相关资料，使自己对篮球教学更加了解，从而培养自己对篮球运动的兴趣。

（2）新媒体可以为高校篮球教学提供很好的互动平台，在这种互动模式下，同学之间可以进行良好的沟通，可以通过这种方式分享自己的学习经验，或者提出自己遇到的问题，互相学习、共同进步，这在某种程度上也降低了教师的辅导压力，同时，教师也可以通过互动平台对学生的学习成果进行分析和了解。

（3）新媒体是一个很好的传播途径，可以通过新媒体教学让高校学生对篮球知识更加了解，培养他们的学习热情，提升运动的意识，将正确的体育观念传播给更多的人，从某种程度上来说，这有利于宣传全民运动的理念。

（4）新媒体除了给学生提供便利以外，也能激发教师的创新思维，教师可以通过新媒体进行篮球教学模式的创新，找到更适合高校学生进行篮球学习的教学方案，使教学质量有所提升。

（二）消极影响

新媒体应用到篮球教学当中，有利自然就会有弊，虽然新媒体对篮球教学有着非常积极的作用，但同时也存在一定的弊端，其消极影响主要表现在三个方面：① 容易对高校学生的价值观产生影响，新媒体时代信息传播的

速度是非常快的，传播的内容涉及面非常广，也非常复杂，很难进行监督管控，这会使某些高校学生受到不良信息的影响，对高校学生造成误导，形成错误的价值观念；② 影响高校学生的身心健康，新媒体信息网络的方便性，使高校学生可以通过网络做到很多事情，这会使高校学生对网络产生依赖心理，从而变得不愿意直接与人接触，当情况比较严重的时候就会对高校学生的心理造成影响；③ 容易给学生及教师带来错误的信息误导，网络信息是比较复杂的，当我们输入一个关键字可能出现很多不同方面的延伸，这些信息当中往往会出现错误的信息，所以在应用新媒体时，就有可能出现错误的信息，对学生造成误导，而对教师来说，则很有可能使教学内容和实践结果受到比较严重的影响。

三、新媒体时代高校篮球教学模式的创新手段

（一）利用新媒体进行篮球教学实践活动

新媒体在篮球教学当中是有很多变换模式的，教师可以通过新媒体对篮球教学进行不断优化，并且多开展实践活动，使高校学生参与到篮球实践当中，增加对篮球运动的熟悉度。例如，教师可以通过微信、人人等社交软件对高校学生进行篮球教学的指导和调查，可以询问高校学生在课程学习当中遇到的困难，并做好相应的总结，在下一次课程当中进行重点讲解或者实践。传统的教学中课程结束后教师与学生就会零沟通，学生有问题也没有机会提问，所以教师要将网络实践和传统教学相结合起来，对学生的课后学习成果做好相应了解，这样才可以帮助学生更好地进行学习，从而提升学生的篮球技能，并且可以通过课后沟通的方式，根据学生的建议找到自己在教学当中的不足，优化自己的教学内容，提升课程的教学质量。

（二）在传统教学中取其精华去其糟粕

时代在不断进步，传统的教学模式已经没有办法满足当下高校学生的学

习要求，在传统的教学模式中，我们不可否认，有些内容是非常宝贵的，像是课程的时间编排等，所以我们在适应新时代发展的同时，要学会将传统教学模式当中好的内容进行保留，不好的内容进行舍弃，结合新媒体时代的发展，将传统教学模式进行优化。新媒体为高校篮球教学带来了新的机会，所以要不断地改进教学模式，找到适合高校学生发展的教学模式，我们可以开展座谈会、举办篮球比赛等，积极地调动高校学生对篮球运动的兴趣，通过新媒体对其进行普及和熏陶，从而让高校学生从潜意识里养成学习篮球的意识，调动高校学生对体育运动的热情。

（三）善于创新篮球教学模式

随着新媒体时代的到来，高校的篮球教学模式面临着新的机遇和挑战，为了适应时代的发展，只有通过不断创新才可以突破现状。创新可以使传统的教学模式和新媒体相融合，使篮球教学适应学生的发展现状，所以在高校篮球教学当中，不能仅依靠书本知识去进行教学，要根据书本去进行创新，找到适合学生学习的模式，从教学方式方法、教学模式等多方面进行创新。多进行研究，培养教师和高校学生共同创新的教学理念，这可以有效地培养高校学生对篮球课程的学习意识和兴趣，并通过创新的教学理念平衡师生关系，达到体育教育的最终教学目标，使每一位高校学生可以得到综合素养的全方位提升。

（四）通过新媒体对篮球教学进行拓展

传统篮球教学中，单一的教学模式一直是要突破的一个问题，在新媒体时代的影响下，我们对高校篮球教学模式有了更多的思考和拓展方向。高校学生只要通过手机或者电脑就可以与同学和教师进行实时交流，通过新媒体可以将篮球教学的视频分享给每一位学生，使高校学生即使在课余时间也可以学习和应用篮球知识。教师可以通过课程群等方式让每一位高校学生都参与篮球教学的每一个步骤，在群内可以发布作业、视频，还可以对不懂的篮球知识进行探讨，调动高校学生的学习积极性，通过思考开拓高校学生的学习思维，使高校学生对篮球运动有更浓厚的学习兴趣。

（五）建立教学评价系统

新媒体教学不仅可以应用到课程的实践教学当中，还可以对教学工作进行合理的总结和分析。在高校篮球教学当中，建立合理的教学评价体系，可以快速地了解教学的实际成果。在教学当中，学生是学习的主体，通过建立评价问卷可以了解高校学生对篮球课程的真正学习感受，并根据学生的反馈情况进行总结，找到现阶段教学中存在的比较集中的问题，并寻找解决办法，这样可以有效地帮助教师提升课堂教学质量和自己的教学能力，并且可以根据评价体系对整体的篮球教学进行完善，使篮球课程更严谨，对高校学生进行正确的学习引导，使高校学生对篮球教学有比较深刻的认识，进而使其有运动的意识和提升自身身体健康水平的思想观念，以达到高校篮球教学的最终目的。

新媒体时代给高校的篮球教学模式带来了无限的可能和发展空间，在传统的教学模式中，有很多的问题是需要改善的，因为有些传统的教学模式已经无法为高校学生提供优质的课程体验，所以利用新媒体可以改善传统教学模式中存在的不足。新媒体在高校篮球教学当中起着非常重要的作用，它为高校学生和高校教师之间搭起了更好的沟通桥梁，可以使高校学生对篮球运动产生更多的探知欲和学习兴趣，创新可以使高校的篮球教学更趋于完善，也可以使高校学生在新媒体篮球教学下得到更好的学习体验。

第四节　高校篮球课教学中运动教育模式

随着我国素质教育改革的不断深入，我国体育教学事业的发展也取得了很大的进步。篮球是深受学生欢迎的一项体育运动项目，也是体育教学的一项基本内容。为了更好地提升学生的身体素质及篮球技能水平，调动学生学习篮球的积极性，培养学生体育运动的热情，高校篮球教学应该改变传统的教学模式，增强课堂教学的趣味性。本节对运动教育模式在高校篮球教学中的应用意义进行阐述分析，并在此基础上对运动教育模式的实施建议进行探讨。

随着我国素质教育的不断推进，高校体育教学事业也取得了很大的进步。高校体育教学的目标不仅是提升学生的身体素质水平，使学生掌握体育运动技能，更重要的是培养学生的体育意识，促进学生的全面发展。高校篮球是体育课程的一项基本教学内容，篮球也因其趣味性及竞技性深受学生喜爱，但是当前篮球课堂教学模式单一、内容枯燥，传统的教学观念束缚着教学的实效性，学生的积极性也不高，不愿意在课堂教学中进行技能的训练和提升，教学质量较差，高校出现了学生喜爱篮球却不愿意上篮球课的现象。因此，高校应改变篮球教学模式，提升学生的积极性，增强课堂的趣味性，激发学生的体育运动热情，促进篮球教学事业的不断发展与进步。

一、高校篮球课教学中运动教育模式的应用意义

（一）运动教育模式的应用增强了课堂的趣味性

运动教育模式指的是，教师给学生提供多元化的学习角色，如教练员、裁判、记分员等，通常采用比赛的形式进行篮球技能的训练。在这个过程中，学生获得了运动的成就感与快乐感，能够积极主动地投入篮球课程中。运动教学模式的应用，极大地增强了课堂的趣味性，使学生更加积极主动地投入篮球课程学习中，也激发了学生的学习热情，使学生在不知不觉中感受到篮球的魅力，提升自身的篮球技能水平，也提升了篮球的课堂教学效果。

（二）运动教育模式的应用提升了学生的社会适应能力

运动教育模式的应用对学生社会适应能力的提升也有着重要作用。运动教育模式降低了运动技术的要求和难度，使学生在团队合作中提升自身的运动技能，使学生获得成功的体验，增强了学生的自信心，培养了学生的自尊心。此外，运动教育模式是以团队的形式展开的，需要团队成员之间的交流、配合及合作，能够提升学生的沟通能力，形成和谐的人际关系。运动教学模式也是一个角色扮演的过程，角色扮演使学生体验了不同的社会角色，也有助于学生社会适应能力的提升。所以说，运动教学模式能够增强学生的自信，提高学生的人际交往能力，提升学生的社会适应能力，使学生进入社会后更好地适应社会，实现自己的个人价值。

（三）运动教育模式有利于培养学生的终身体育意识

运动教育模式对培养学生的终身体育意识也有着重要的作用。在高校的篮球教学中，运动教育模式的应用解决了传统教学模式单一、枯燥的问题，增强了教学的趣味性，学生更愿意参与到篮球运动中来，感受运动带来的乐趣，从而有利于激发学生的体育热情，培养学生的体育意识，使学生逐渐养成日常锻炼的好习惯，这也有利于学生终身体育意识的培养。学生在日常的体育锻炼中，提升自身的身体素质水平，促进自身的全面发展，也加快了全民健身目标的实现。

（四）运动教育模式推动了我国体育教学模式的改革

随着我国教学事业的不断改革，我国的体育教学事业也取得了很大的进步。但是，当前我国体育教学事业仍然存在教学模式落后的问题。运动教育模式应用到篮球教学中，合理地将人融入整个教学过程，有利于体育教学目标的实现。运动教育模式采用比赛的形式教学，又将运动的难度降低，符合学生身心发展的规律及特点，极大地调动了学生参与运动的积极性。运动教育模式为我国高校体育教学事业的改革带来一股新的力量，推进了我国高校体育教学模式的改革。

二、高校篮球课教学中运动教育模式的应用建议

（一）应用运动教育模式时要注意分组的合理性

高校篮球课教学中，应用运动教育模式时要注意分组的合理性，以便更好地使学生参与到篮球运动中来，调动学生学习的积极性，提升学生的篮球运动技能。教师要根据学生的篮球技能水平、身体素质水平、行为习惯等对学生进行分组。学生也可以根据篮球课程的教学目标、教学内容、教学形式等进行分组，并推选出小组长。通过角色扮演和小组比赛的形式，学生更加热情地参与到篮球比赛中去，提升自身的篮球技能水平。合理的分组不仅能够更好地实现教学的目的，增强课堂的实效性，提高学生的技能水平，还有利于教师了解掌握学生真实的篮球水平，以便能够更好地进行单个技术动作的教学和指导。

（二）应用运动教育模式时要合理地安排基本技术学习和比赛的时间

高校篮球课教学中，应用运动教育模式时要合理地安排好基本技术学习和比赛的时间。篮球教学的目标是使学生掌握篮球运动技能，提升学生的身体素质水平。掌握篮球技能，基本技术训练是基础。因此，高校篮球课教学中要注重学生基本技术的训练。运动教育模式能够更好地调动学生的积极性，增强学生的体育热情。学生在分组比赛和角色扮演中能够将基本技术进行应用，提升自身的基本技术应用能力。因此，教师要合理安排好基本技术练习和比赛的时间，更好地促进学生篮球技能水平的提升。

（三）应用运动教育模式时要注意加强学生之间的团队合作

篮球课运动教育模式应用时也要注意加强学生之间的团队合作。运动教育模式通常采用小组比赛的模式进行，这就要求团队之间要加强沟通、合作，只有这样才能取得理想的成绩。在团结合作的过程中，学生不仅能增强团队意识，还能提升自身的篮球技能水平。如果团队之间合作不顺，学生没有团队意识，那么团队就像一盘散沙，不仅无法取得理想的成绩，学生的个人篮球技能也得不到实践和应用，也制约了自身篮球技能水平的提升。

（四）应用运动教育模式时要组织学生加强组间对抗、展示

高校在篮球课教学中应用运动教育模式时也要加强组间的对抗和展示。教师要充分发挥自身的主导力量，通过比赛和角色扮演增强课堂的趣味性，调动学生学习的积极性。教师也要组织学生加强组间的对抗和展示。通过对抗和展示，不仅能够激发学生的体育热情，增强学生的斗志，还可以在对抗中，使学生意识到自己的不足，从而更有针对性地加强篮球技能训练，提升自身的篮球技能水平。

（五）应用运动教育模式时，教师要充分发挥自身的引导作用

教师是课堂教学的主体，对学生产生潜移默化的影响。因此，应用运动教育模式时要充分发挥教师的引导作用，提升教学的质量和效果。篮球课教学中，教师要以身作则，鼓励学生积极分组和进行角色扮演，并对学生的练习进行帮助和指导，引导学生去思考、去学习篮球技能，充分提高学生的自主学习能力，使学生发挥自身的主观能动性，积极地进行篮球技能的训练，提高自身的篮球技能水平。教师充分发挥自身的引导作用能够提高课堂教学质量，提高课堂效率。

当前，高校的篮球教学事业虽然取得了一定的进步，但是，教学模式落后、学生积极性较差的现象仍然存在。因此，应当将运动教学模式应用到高

校篮球课教学中，提升教学质量。运动教育模式的应用有利于增强课堂的趣味性，提升学生的社会适应能力，培养学生的终身体育意识，推动我国体育教学模式的改革。在应用运动教育模式时，要注意分组的合理性，合理安排基本技术学习和比赛时间，注意加强学生之间的团队合作，组织学生加强组间对抗、展示，教师要充分发挥自身的引导作用。只有这样，课堂的教学质量才会得到有效提升，学生的篮球技能水平才能够得到提高，高校的篮球教学事业才能够得到推进。

第五节　高校篮球公选课跳投技术的教学模式

体育课是我国在大学、中学、小学三个学段均为必修课的特殊课程，在学校教育中占重要地位。球类运动的趣味性和竞技性吸引着广大体育爱好者，但由于教学内容偏多、技战术较为复杂，在教学中给师生带来不少困扰。本节主要分析高校篮球公选课投篮动作跳投技术的教学模式，期望对师生产生教学启发。

一、跳投技术的传统教学模式

跳起单手肩上投篮简称跳投，已成为现代篮球运动普遍运用的主要投篮方式，高校教师通常在原地单手肩上投篮学习之后组织学生进行练习。传统教学模式中老师一般先介绍动作概念及运用时机，然后讲解动作方法和动作要点，再逐渐从徒手到持球，从模拟投篮到实际投篮，分步讲解与示范带领学生练习，在教学中强调重难点知识。

体育课的传统教学模式是体育教师在长期的课上实践和课下总结过程中形成的理论体系，它不仅具有科学的理论价值，还具有很大的实践价值。传统的教学模式处于教师传授知识技能，学生模仿练习的状态。这种模式下的教学活动以教师为主体，教师具有权威性，学生按照老师设计好的学习路线按部就班地进行。这样的教学模式可以避免学生走弯路，使大多数学生能够按照课时计划完成学习目标。与此同时，传统的教学模式在高校篮球教学中同样存在一些弊端。体育教师通常采用"讲解—示范—练习—纠错—巩固—练习"的方式教学，较固定的学习方法容易让学生失去练习的兴趣。

二、跳投技术的创新教学模式

（一）合作教学模式

由于学生现有水平参差不齐，如何通过固定时间的教学实践，让不同性别、不同身体条件、不同技术水平的学生统一完成课程目标的教学任务是广大体育教师共同面临的一大难题。体育锻炼对于相同难度的技术动作，身体条件较好的学生自然会在学习中占据优势，因此在教学过程中教师不能"一刀切"。如果一味地增加练习难度就会使后进生信心全无，如果大量重复基础练习则会消耗已经掌握要领的同学的积极性。综上所述，教师可以考虑采用合作教学模式。

合作教学模式是在教师的组织下将学生分成小组，通过小组成员间的讨论互动，取长补短，最后小组成员按照一定要求合作学习，通过相互间的促进作用，达成学习目标。以终结性评价和形成性评价相结合的评价方式对学生的学习进行评价。合作学习模式有利于学生掌握技术，改善师生关系，同时也能有效地激发学生的积极性，培养学生的合作能力和竞争意识。另外，分组教学还做到了面向全体学生，突出学生在教学活动中的主体地位，促进学生全面发展。

（二）多媒体教学模式

传统的篮球教学模式中，教师很少使用图片、视频等多媒体手段，这导致学生在上体育课时感到枯燥无味，不能集中注意力，影响学习效果。篮球技术复杂多样,跳投技术更是让学生难以掌握。因此,一些体育教师提出一套符合现代教学理念的教学方法——"多媒体教学模式"来满足教学需求。

多媒体教学是将教学内容中的文字、图片、动画、视频、声音等元素整合在一起,制作出多媒体教学课件。篮球跳投教学中使用多媒体教学模式有几个优点:首先,多媒体模式可以丰富教师的教学方法,帮助学生快速掌握篮球的基本理论知识;其次,教学中可以通过录像、慢动作回放等技术手段,让学生直观地感受跳投技术的魅力所在;最后,图形处理可以在学生的大脑中确立正确动作的表象,相比语言描述和简单动作示范在教学中能达到更好的效果。

(三)表象训练教学模式

运用表象训练教学模式进行跳投技术学习的具体方法如下。

教师先通过示范、讲解或播放多媒体素材等方式,帮助学生在脑海中建立初步的跳投视觉表象。接着让学生根据自己的所观所想和理解尝试用语言将跳投的视觉表象描述出来。在这个时候,教师要注意对学生的口述进行分析判断和正确引导,促使学生建立正确的跳投视觉表象。

实践证明,在高校篮球跳投教学中运用表象训练模式,学生掌握情况要好于传统教学模式。使用表象训练法后,教师更容易充分调动学生的主观能动性,促进学生将视听信息转化为技能信息,把想与练结合到一起,形成认知到动作的转变。

在使用表象教学模式时,学生应注意将视觉表象与潜意识中的跳投动作进行对比。通过观察和思考,在教师的引导下找出潜意识中跳投动作的不足,建立有效的跳投技术表象,建立表象后,学生要通过实践练习将其转化为实际跳投动作。在练习时,学生应该依据大脑中跳投技术动作的分解动作和排序进行实际投篮操作,从而建立动觉到运动的条件反射。此时,学生要学会将实际练习中的身体感受及时传向大脑,修正以后形成最适合自身素质的运动表象。在一定课时的跳投练习后,学生更容易将运动表象、跳投动作和思维有机结合，建立起稳定的具有个人特色的跳投风格。

针对授课对象水平参差不齐的现象，体育教师可以尝试合作学习模式教学。突出学生在教学活动中的主体地位，促进学生全面发展。针对教学方法单一、学生常感到枯燥乏味的情况，体育教学可以尝试多媒体教学模式，调动学生积极性的同时丰富自身教学资源库；针对抽象和较难掌握的教学内容，教师可尝试表象训练教学模式，从心理层面帮助学生攻破难题。创新不是否定传统，是对知识的重新组合，力求产生更适合当下环境的全新概念。不会改革变通的教师又怎会教育出具备创新精神的学生？体育教师应当以身作则，从实践中总结经验，不断学习，逐渐形成一套具有个人特色的教学模式。

第六节　高校大学生篮球裁判员培养模式

目前我国高校体育开展的一项重要任务是对篮球裁判员的重点培养，同时课程也在不断地深化改革中，应如何优化篮球裁判员培养模式呢？本节对此进行了针对性的分析与探讨。

高校是我国篮球裁判员培养的重要机构，因此，篮球裁判员培养模式的构建十分重要。在高校培养篮球裁判员具有很大的优势，一方面大学生拥有一定的文化基础，另一方面其在知识结构上也是比较完善的。所以，在高校可以挖掘出更多的篮球人才，为以后的篮球运动提供优秀篮球裁判员备选。

一、在高校培养篮球裁判员的意义

（一）可以满足新课程改革的需要

在高校中，篮球运动是学生们非常喜爱的一项运动，不管是在专业的体育院校，还是在一般的高校，篮球都是体育课程体系中必需的项目之一，篮球裁判员也是课程中重要的一部分。因此，为了满足新课程改革的要求，需在高校中设置篮球裁判员培养的课程，既可给学生们提供更多选择的机会，同时也着力培养学生们的自主学习能力，从而有效促进体育课程的完善，为国家培养更多的优秀篮球人才。

（二）有利于校园体育文化的良好构建

体育文化的构建有利于学生身心的健康发展，篮球比赛的设置可以加强学生之间的沟通交流，同时也可提高学生的篮球技能，再者可以丰富其业余活动形式。裁判员是比赛中不可缺少的人员，裁判员的综合水平会影响整个比赛的顺利进行，所以它的设置显得尤其重要。随着高校篮球运动不断发展，对裁判员的培养要求也在不断提升，因此要不断加强高校学生们篮球裁判员的培养，从而促进学校良好体育文化氛围的构建。

（三）满足社会对裁判员的需求

随着我国篮球事业不断发展，篮球运动员的需求量也是越来越大。在高校、企业或者社区举行的娱乐文化活动中，篮球比赛居多，社会对篮球裁判员需求量在不断地增加。因此，在高校培养篮球裁判，可以有效地为社会培养更多的专业人才，同时也可以在高校中锻炼学生担任裁判员的实践能力。

二、在高校培养大学生篮球裁判员的可行性

（一）高校具备丰富的篮球裁判员人才基础

在高校中有很多篮球爱好者，也有一部分人是业余篮球裁判员。他们在业务上缺乏经验，没有进行系统专业的学习，但有篮球比赛实践经验，对于篮球也有热情与追求，因此在高校中培养篮球裁判员是具备丰富的人才资源

基础的。在高校中可以选出有热情与追求，以及学习与接受能力很强的学员，进行专业的篮球裁判员培养。

（二）高校具有专业的师资力量

高校中的体育老师都具备丰富的教学与实践经验，同时对篮球人才的培养也有实践经验，不管是在篮球理论基础还是篮球裁判理论，以及篮球裁判员培养方面，都具备扎实丰富的经验。因此，在高校中培养篮球裁判员会进行得很顺利。

（三）高校教学实践环境有优势

高校为篮球裁判员的培养提供了相应的实践环境，通过不断的学习和实践，可以提升学生裁判员的技术水平，可以通过学习理论知识、参与校内外的篮球比赛，丰富实践经验，有效提高自身的篮球裁判专业水平，实现理论与实践的同步提升。

三、高校大学生篮球裁判员培养模式的探讨分析

（一）对篮球裁判理论知识学习进行加强

作为一名优秀的裁判员，必须对裁判规则与篮球裁判员的职责与权利有深刻的理解与认识。只有对其规则有深刻的了解，才能使篮球比赛正常进行。因此，在高校培养篮球裁判员时要对其理论知识进行强化学习，这样才能使学生打下扎实的基础并行使真正的职责。

（二）对篮球裁判的基本功加强训练

篮球比赛整场下来，到最后运动员一般都有很强的对抗性，同时也会有很多状况发生，在此过程中，裁判员需具备很强的临场判断能力。裁判要具备相应的基础知识和判罚技能，还需应对突发情况，因此较强的基本功是必

备的。裁判员要有广阔的视野与移动能力来应对场内的状况并及时做出判断。同时要有效应用鸣哨和手势，在比赛时通过口哨与手势语言进行比赛判断，比赛才能有效顺利进行。

（三）对篮球裁判员心理素质的有效培养

篮球裁判员不仅基本功要强，在心理素质方面也要很强，这样才能在比赛过程中高度集中注意力，保持情绪的稳定，在比赛过程中做出正确的判断，以防判断失误。如双方起争执时，裁判员需要有很好的心理素质，保持冷静的心态进行判断以保证比赛的公正性。

（四）给大学生篮球裁判员提供更多的实践历练

只有在实践活动中不断历练才能提升自身的能力，同时可以锻炼学生的跑位与反应能力及判断能力，且在不同的比赛过程中总结自己的优点与缺点，对以后参与比赛进行有针对性的锻炼。在此过程中，高校要提供更多的实践机会，如与企业和社区举办各种篮球大赛，通过实践的历练提高裁判员的实践能力。

第五章　篮球运动创新教学与训练研究

随着体育教育的发展及篮球运动的发展,篮球教学也在发生变化,因此,创新篮球教学的方法尤为重要。

第一节　慕课在篮球教学与训练中的应用

一、慕课的概念与特点

(一)慕课的概念

慕课是大规模在线开放课程教育平台的简称,是近年来开放教育领域出现的一种新课程模式,也就是我们平时所说的网课、网上学习等。慕课是一种由优秀教师录制教学视频,以供人们(不局限于学生)随时随地学习,并进行线上交流,并以作业和考试的形式进行自身评估的一种学习与教学过程。慕课的专业术语最早出现在 2008 年,由加拿大人提出,并迅速风靡国外名校。

我国的慕课起步较晚,2013 年后才引进慕课,但它迅速以燎原之势获得了国内大学的支持,很多大学加入了慕课平台。很多学科纷纷建立起自己的慕课课程,但目前关于体育方面的慕课课程却非常少。

（二）慕课的特点

慕课最大的优点就是几乎不限制学习时间和学生数量，且可以重复观看学习，这些都是传统课堂无法比拟的优势。除此之外，慕课最大的特点是大多由名牌大学的知名教授或教师录制，并通过网络对所有年龄段的学习者开放，没有门槛，不限学历，且价格低廉，甚至有许多课程是完全免费的。慕课的课程结构一目了然，每个视频都对其单独的知识点进行了详细、系统的阐述。课程也不仅是依赖书本，很多内容是教师平时的积累及提前整理好的资料。再加之教师风格独特的讲解，以及课后设置的作业、线上学员的讨论等，可以使学习者更加方便高效地复习所学知识。

二、慕课设计的基本步骤

慕课的教学设计大致可以分为两点，即教学设计基础和学习内容设计，在完成这两点之后再进行学习总结性评价。

第一，几乎所有的课程设计都是万变不离其宗。在进行慕课设计时，要先对潜在学习者进行分析，弄懂学生的需求是什么，学生学习的目的是什么，是喜欢体育的规则还是喜欢体育比赛，是想自身锻炼还是想简单了解。明白这些才能更好地明确课程的目的及性质，才能更好地吸引学生，提高课程的总体质量。

第二，明确教学的目的和性质之后，就要以此作为根据来确定教学内容。内容和目的一定要一致，不然就成了"挂羊头卖狗肉"的低效慕课，并不会为学生所喜爱。根据学生想要学习的内容来制作慕课才会收到良好的效果。

第三，在明确内容之后，着手进行教学设计。与传统课程不同，慕课的教学设计不仅包括教学内容设计，还包括线上交流设计，这是慕课与传统课程进行教学设计的最大差异之一。

第四，与传统教学设计不同，慕课在进行设计时一定要把内容细化，因为一节慕课只对应一个知识点的特性，所以在教学时切不可天马行空，导致无法讲完一个知识点。在面对复杂的知识点时可以依据其特性另外设计课程进行讲解。此外，慕课在讲解过程中与新媒体结合也很重要，一定要收集足够的素材制作课件，用图视结合的方式使知识点更简单易懂。

第五，慕课毕竟是录制课程，在与学生的互动方面一定要多加考量哪种交流方式更合适，以及怎样进行线上交流才会使学生更好地融入课堂。这种交流本意是为了活跃课堂，使学生们有更好的代入感，也是为了学生之间能够利用所学知识彼此进行交流或学习反馈，让教师更好地了解学生们的学习动态，以便对课程进行调整或改进。

第六，根据学生的反馈和意见进行教学评价，同时对整个课程进行反思，比如，尚未考虑到的内容、说法不佳的知识点，有没有不恰当不准确的地方，这些都要及时修改，以保证整个慕课的质量。

第七，对整个慕课的内容进行整体分析，并做出真实的评价，取其精华，去其糟粕，以提高慕课的质量。

三、慕课在篮球运动教学中的实践应用

（一）技术教学应用

在有关体育教学的课程中，肯定会涉及很多复杂的技术要领。比如，投篮，看似简单，实际上对手肘的发力、手臂的位置都有很高的要求，初学者盲目练习不仅可能没有效果，还有可能因连续高强度的体育运动而伤害自己的身体，这就得不偿失了。如果掌握了投篮的窍门，投篮就会成为一个很简单的技术动作。那么学生如何掌握窍门呢？这需要教师不停地指导、不停地做示范，但这对教师的精力、体力消耗严重，对学生来讲，也是很大的心理负担。如果采用慕课的形式，教师就不必再逐个逐步指导，节省课堂时间；学生还可以反复观看慕课，学习正确、规范的知识，可谓一举两得，提高课堂的效率。

（二）课程教学应用

体育课主要是为了提高学生的身体素质，增强学生的活力。体育课是一门必修课，这体现了教育对学生身体素质及身心健康的关注。

采用慕课教学能增强学生对体育运动的兴趣，同时也能更好地帮助他们学习体育的基本知识。慕课种类多样，并不局限于一两种体育运动，这也尊重了学生之间的差异与喜好。不同运动所强调的精神也不同，学生以自我发展为中心，选择自己喜爱的运动和慕课，有形或无形中受到体育精神的熏陶，使自己健康成长，并终身热爱体育运动。

（三）全民健身应用

体育本就是为了提高学生的身体素质而开设的科目，所以体育并不只是一门课程，它更蕴含了希望学生能够终身进行体育锻炼、热爱体育的心愿。而慕课因自身运动的多样化，能够最大限度地培养、调动学生对体育的兴趣。通过慕课来讲授体育只不过是一种形式，开发者是为了大家能够培养热爱体育的良好习惯。

第二节　多媒体技术在篮球教学与训练中的应用

随着多媒体技术的日益成熟，现在各个科目都引进了这种新型的教学方式，连体育也不例外。但篮球运动在众多科目中有着它的特殊性质（户外，且以锻炼为主要目的），因此，在引进多媒体教学的过程中，必须分清主次关系，即以传统教学为主，以多媒体教学为辅，以帮助学生更好地理解体育、热爱体育。但如何应用多媒体进行体育理论课和体育实践课的教学仍然存在着不确定性，这也是本书重点研究的内容。

一、多媒体技术在篮球理论课中的应用

（一）多媒体技术辅助

无论何时，教学都是由教师"传道"与学生"解惑"的双边关系所构成的。传统教学主要依赖的是教科书、板书，这属于正常现象。引入多媒体教学后，大大节省了教师的人力、教学的时间，同时提升了教学效率，增强了教学效果。在篮球体育理论的教学过程中引入多媒体，既使一些晦涩的专业语言得到简单易懂的诠释（如通过图像、音频、视频等），又以一种新型模式改善了师生之间的关系，不仅有利于教师运用更合适的方法进行教学，更有利于学生对体育知识的把控和理解，从而全面提高学生的基本素质，实现学生全面发展。随着时代的进步与科技的改革，绝大部分学校已经具备了多媒体教学的硬件设施，而将多媒体技术灵活、完美地融入传统的教学中去，就是体育教师当下要注意的问题。

（二）多媒体技术辅助篮球体育理论课的优势

1. 系统指导学生学习

使用多媒体来讲解篮球体育理论课会使课程结构更清晰、更系统、更简洁，让学生对所要了解的问题一目了然。而且使用多媒体授课，表现形式多样，能极大地引起学生的学习兴趣。通过一系列的互动，能更好地调动学生的积极性，让每个学生都有参与感，让原本枯燥乏味的理论课充满乐趣。

2. 学生可用其进行自我学习及自我评价

多媒体最大的优点之一就是可以重复使用，不像板书和笔记受到时间、空间的限制（这两种形式可能漏掉一些知识）。学生可以拷贝教师的教学课件，实现课前预习、课后复习，并对相关的练习有所适应和熟悉，提前或在课程学习结束后对自己的水平有系统的评估。

3. 提高学生的学习兴趣和学习效率

使用多媒体教学，对学生而言是新鲜的。传统的篮球理论课不仅枯燥，而且因课程性质的特殊性，以及文字内容所描述的局限性，难以向学生们讲解真正的篮球运动。但借助多媒体，这一困难自然迎刃而解。多媒体的图像、声音、视频等以可视的方式让学生们接触篮球知识，这会给学生的听觉和视觉带来强烈的冲击与刺激，从而吸引学生，充分调动学生的学习兴趣与学习热情。同时，也为课堂增添了乐趣、活跃了氛围，让学生们在轻松的状态下完成对篮球理论知识的学习。

4. 有利于更新教学观念，提高教师自身素质

以多媒体教学辅助传统教学，能充分调动学生的学习兴趣，激发学生的求知欲，培养学生的探索能力，有利于学生综合素质的全面提升，使学生德智体美劳全面发展，有利于培养复合型、创造性人才。同时，新媒体教学使得学生更方便理解知识、运用知识，丰富多彩、形式多样的教学内容也使学生在学习文化课之余更好地放松，实现体育课真正的意义与价值，这是传统体育理论课无法带来的效果。此外，体育教师在制作课件时会更系统地梳理自身的知识储备，从而进行更新或增减，更好地提升自己的专业素养。使用现代设备，与学生在理论课上以不同的方式互动，能更好地提升体育教师的综合素质，这是一个双赢的局面。

由此可见，多媒体技术辅助体育理论课教学带来的益处非常多，无论是对学生来说，还是对教师而言，都是一次阶梯式飞跃，这完全值得尝试。在教学中，学生与教师一同成长，这是传统理论教学可望而不可即的。

以多媒体教学为体育理论教学的辅助补充，也是一个教学上里程碑式的转折点，标志着传统枯燥乏味的理论课终将被更有趣、更能激发学生学习兴趣与求知欲的多媒体教学辅助理论教学所替代，这极大地提高了学生的学习效率，缩短了学习时间。

二、多媒体技术在篮球实践课中的应用

多媒体教学除了能辅助传统的体育理论课程，也能够应用到体育实践课程中。体育实践课占据了体育课的绝大部分时间，这是由体育课的特殊性质所决定的。体育课的活动场所大多为室外，而如何在这种情况下运用多媒体来进行教学，是研究的重中之重。

（一）运用灵活，重点在激发学生的学习兴趣

在体育实践课中，大多数学生对篮球这门体育运动不是特别了解。如果教师进行逐个指导，时间容易被白白浪费掉。而使用多媒体教学，会使学生的注意力得到提升，提高学生的学习兴趣与学习热情，从而使教师的一对一变成了一对多。例如，使用篮球竞赛类的软件或游戏来帮助学生更方便、更具体地感受篮球这项运动。

（二）化难为易，化动为静，有利于攻克教学的重点与难点

篮球本身就是一门比较复杂的课程，有许多动作要领、技术的学习并不是一蹴而就的，需要学生拥有敏锐的观察力和持之以恒的决心与毅力，才能有所收获。传统体育练习课上的示范往往难以让学生在短期内观察到要领，而且动作往往是一瞬间的事情，可能很多学生都没反应过来，示范就结束了，教师也不能一而再、再而三地示范动作，学生只能照葫芦画瓢，却难以领会真正的标准动作。教师也难免由于各种原因导致示范存在瑕疵，比如，教师自身条件、教师实际年龄、当天天气等因素的制约。所以，这个时候可以把难度偏大的动作或技术利用提前收集的素材制作成课件，通过慢放、重复播放等手段方便学生进行观察学习。这样既提高了学习效率，又缩短了学习时间。

（三）通过动作对比，纠正错误动作

教师可以在收集课件素材的时候多搜集一些优秀篮球运动员的教科书

式的精彩片段及失误集锦，这样在课堂上播放时，能使学生对正确和错误的动作一目了然。教师在和学生一同观看这些片段的时候积极发问，促使学生对此进行热烈的讨论，使学生知道哪些动作是对的、哪些动作是错的。倘若一些学生恰好是这些运动员的球迷，那么效果会事半功倍。观看视频也会使学生产生代入感，有助于学生增强自信，而体育运动正需要自信。此外，还可以让学生多练习，多谈论正确的发力技巧，以多种方式让学生们对篮球这项运动更感兴趣。

第六章　高校篮球技术教学实践

第一节　移动技术

篮球是现代奥运会中的体育项目，属于身体对抗性体育运动，运动员的主要运动关键在于攻守。在篮球运动进行过程中，运动员必须娴熟地进行移动，以此来快速改变运动方向、所处的位置及移动速度，同时还要保持整个身体的平衡，运动员要始终把握稳定的站立姿势，进而完成攻守活动。现代篮球移动技术不仅会被应用于进攻活动中，在防守阶段同样起到重要的作用。本节结合篮球比赛特点分析现代篮球运动中应用的移动技术。

在进行体育运动时，把握运动技巧，运用正确的训练方法，对保持合适的训练强度起到重要作用。篮球运动不仅会考验运动员的身体素质，同时也会考察其运动技巧，正在进行篮球运动时，运动员必须针对不同的情况灵活运用各种移动技术，常见的移动技术包括投篮移动、接球移动、篮板球移动及摆脱移动，移动技术对比赛结果会起到决定性作用，要根据赛场上的局势来选定移动方法。

一、移动技术概述

现代篮球移动技术是指在篮球比赛中，队员不论是在攻与守，还是在有球和无球状态下，为了达到战术目的，选择与抢占有利位置，争取时间和空间所采用的与各种持球技术相结合的脚步动作方法的统称。简言之，现代篮球移动技术就是除队员控球技术外所有脚步移动的总称。它既要符合人体运动生物力学原理，又要符合竞赛规则。它在比赛中表现出很强的攻守技术特点，是其他技术的基础，还是一项非常重要的专门技术。

二、主体技术系统分析

移动意识应理解为队员在篮球比赛中对技战术运用规律的认识，它是队员在参加篮球运动实践活动中逐步积累与丰富起来的，能在比赛中自觉、能动地指导自己根据攻守的具体情况、按战术意图采取行动。运动员在比赛中移动正确与否，取决于观察、判断正确与否。队员在比赛中要用战术观念去观察和思考问题。善于观察才能做出正确的判断，队员不仅要洞察对方的攻守打法和场上双方队员的部署，更重要的是掌握比赛的规律和双方队员的行动意图。

篮球比赛之所以精彩纷呈，具有很强的可视性，其主要原因就在于队员在攻守对抗中能灵活多变地运用技战术，而这取决于队员的移动应变能力。队员只有具备了这种能力，才能在比赛中得心应手、运用自如。移动应变能力首先取决于队员移动技术组合是否具有很强的攻击性和实效性，其次是队员移动组合是否具有较强的隐蔽性和合理性。队员应利用移动在组合上、节奏上、方向上、速度上的变换，来争取主动，使对手被动挨打。

移动的对抗在篮球比赛中大致分为三种：无球对抗、有球对抗和篮板球对抗。这三种对抗既体现在队员身体素质、技战术、心理和智能上，还体现在攻与守、快与慢、地面与空间、内与外、动与静的对抗中。在现代篮球比赛中，队员无论是处在攻或守还是有球或无球状态下，任何形式的移动都是处在激烈的对抗中。所以，队员在移动时，首先要树立敢于对抗的信心，其次是在身体上、动作上敢于接触，充分发挥移动技术。这样，才能在激烈的对抗中完成攻守任务。

三、正确运用移动技术

（一）运用投篮技术

在篮球赛场中，投篮技术极为关键，投篮的命中率对于最终的比赛成果起到了决定性的作用，投篮移动难度极高。运动员可以使用压迫式投篮移动的方法，负责进攻的队员需要对多种脚步动作加以运用，缩短与对手之间的距离，进而争夺更多的投篮空间，借此有效提高投篮效率。移动队员可用的具体脚步动作包括后撤步、并步、跨步等。摆脱投篮移动技术同样要求运动员有效利用脚步动作，有效摆脱对手，在躲避对手的同时还要进攻，具体可用的动作包括向外运球、向侧方跨步接球等。假动作移动极其考验技巧性，队员可以对各类假动作加以利用，摆脱对手的防守，占领更多的移动空间。无论使用哪一种投篮方法，队员之间都必须配合好，将多种投篮技术结合使用，使移动方式更为灵活。

（二）运用接球移动技术

在接球时，同样需要灵活展现移动技术，运动员需要集中注意力，注意篮球的移动方向，利用手臂来迎接篮球，手指向上，拇指呈现出"八"字的形状，为了使身体保持平衡，需要将重心降低；在确定移动方向时，也要以场上的变动为主，队员在转动脚步时要考虑多个方向的转动需要，确保在接球后可立刻掉转方向面对篮筐，将接球与进攻的动作结合起来；在运球移动时，需要把握拍球的位置及力度，掌握球反弹的情况，充分做好接球与收球的准备工作，在整个运球环节都要保持动作的流畅怩。

（三）运用移动摆脱技术

在篮球比赛过程中，将移动技术与摆脱技术结合使用也极为重要。常见的摆脱动作包括假动作摆脱、同伴掩护摆脱、起动摆脱等。在运用摆脱移动技术时必须把握时机，否则移动摆脱活动的应用效果并不能有效展现，甚至还会影响其他移动动作，队员需要根据自己在球场中所处的位置做出精准判断，协调好自己与球篮及球之间的关系，紧紧把握合适的摆脱时机，最快确定路线，球队中的运动员要默契配合，了解彼此的意图，进而将摆脱方向确定下来，队员可以从自己习惯的攻击点来摆脱对手，同时还要缩短与球篮之间的距离，摆脱动作不可一直保持固定，要多变，球队队员的良好配合也是关键。

（四）运用防守移动技术

在进行防守移动时，必须以实际情况为主，考虑到无球球员存在的防守需求，不可让对手球员在其攻击区域内拿到球，必须将其与篮球之间的联系切断，即使对手球员接到球，也要使其处于被动位置。处于防守位置的球员必须预先将对手球员的位置确定下来，把握球篮与篮球的位置，将包括碎步、交叉步、滑步、扯步、上步等多种脚步动作结合应用，从多个角度进行防守活动。

（五）运用篮板球移动技术

篮板球移动技术实际上就是攻守队员抢占有利位置和空间的过程，抢占有利位置是抢篮板球技术的关键。无论进攻队员还是防守队员，都应设法抢占对手与篮筐之间的有利位置，力争把对手挡在身后。抢占位置时，应根据对手和投篮队员所处的位置，正确判断篮板球的反弹方向、距离，运用快速的脚步动作，配合身体动作抢占有利位置。抢篮板球以双脚起跳为主，因此，要能够在各种情况下做到原地双脚起跳，同时要结合滑步、上步、撤步、交叉步、转身、跨步等步法快速起跳。防守队员一般采用转身跨步和上步起跳方法，进攻队员则多采用交叉步摆脱上步双脚起跳和单脚冲抢的方法。此外，还应掌握向侧上方、后上方和连续起跳的移动起跳动作。

现代篮球运动对于运动员的综合能力有较高的要求，运动员必须兼顾体能、技巧与经验。在篮球比赛中，能够正确应用移动技术是非常关键的，本节围绕篮球运动过程中应用的主要移动技术展开研究，并给出技术应用方法，无论是在日常的训练中，还是在正常的篮球比赛中，均需重视移动活动。运动员还要将移动技术与其他进攻防守动作加以结合，灵活地移动自己的身体，在确定训练项目时，也要将提高移动技术水平当作重点项目。

第二节　传接球技术

传接球作为篮球运动中最基本的动作，是篮球运动进攻的最有效配合方式，也是进攻中使用最多的手段。在当代篮球越来越讲究团队化的环境下，传接球的技术应用及针对其训练方法的设计成了必不可少的研究方向。传接球作为一个有效串联队友的枢纽，更需要细致地研究其技术特点和方式，以及改进传接球的技术。本节通过对传接球的技术应用及训练方法进行阐述，为今后研究传接球的技术应用及训练方法提供理论基础。

篮球的传接球技术是运动中最基础、最基本的，也是最重要的技能，它是有目标地应对篮球比赛进攻球员的一种方法，是连接各进攻球员进攻的枢纽。它是球员在每一个比赛中组织进攻的重要方式，是一个具体的实现方式的技巧与策略。它是攻击战术的根底，是球队制胜的必备要素。在对抗激烈的篮球比赛中，无论是进攻还是防守，传球球员需要的技术和战术素养水平越来越高。提高球员技术和战术素养可谓当务之急，本节运用文献资料法、专家访谈法、逻辑剖析法对传接球技术进行剖析，为大学生篮球传接球技术的提高做铺垫。

一、篮球传接球技术的理论内涵

（1）传球的概念：传球技术是篮球的基本技术，篮球是一项团队项目，练习传球技术是非常重要的。采用何种方式传球取决于实际情况，常用的传球方式有以下几种。

①　双手胸前传球：双手胸前传球是最基本、最常用的篮球传球技术。一般在中、近距离运用双手胸前传球。双手胸前传球是传球技术的基础，具有准确性高、容易控制、易于变化的特点。持球时，两手五指自然分开，拇指形成"八"字形，用指根以上部位握球的侧后方，手心空出，两肘自然弯曲于体侧，将球置于胸前。肩、臂、腕部肌肉放松，两眼注视传球目标，身体保持基本站位姿势。传球时，后腿蹬地，身体重心向前移动，同时两臂前伸，手腕由下向上翻转，拇指用力向下压，食指、中指用力弹拨，将球传出。出球后手心和拇指向下，其余手指向前。

②　双手击地传球：双手击地传球通常用来将球从防守队友张开的手臂下传出。双手击地传球的技术要领与从胸前传球一样，只是球传出时手指须向下用力，使球碰地板反弹后，到达接球队友的腰部位置。

③　低手传球：低手传球是一种近距离的传球，通常用于将球传递给离自己较近的队友。用手指托住球的下半部，伸臂出球时，向传球方向迈一步，做传球动作时固定手腕，也将球传向接球队友的腰部位置。

④　双手头上传球：经常看到在篮球比赛中抢到篮板球的队员用这种方式将球传给位于远处前场处于有利位置的队友。双手头上传球可以越过防守队员，并且可以传得很远。双手从球的两侧持球（手指尖朝上），置于头顶，肘部微屈，向传球方向跨一步的同时手腕向后转，球移至脑后，将球向前抛出，手腕向下转发力（同时要做好随球动作）。

⑤　单手肩上传球：单手肩上传球是篮球中常用的中远距离传球方法。单手肩上传球，用力大，球飞行速度快，利于抢到篮板球后迅速组织快攻。单手持球的后下方，利用蹬地扭腰、转肩动作，向前甩臂，扣腕将球传出。

（2）接球的概念。目前接球方式一般为双手接球。两眼注视来球，手指自然分开，两拇指相对成"八"字形，两手成半圆形（球形）。来球前，主动伸臂迎球，肩臂腕指放松。接球时，指端先触球，同时两臂随球后引缓冲来球力量，并做好衔接下一动作的准备姿势。动作要点包括主动迎伸，触球后引。接球一般分为正面双手接球和背对篮筐接球。正面双手接球一般为外线倒球，防守压力小，故只需做反跑即可轻松接球。而背对篮筐接球的关键在于接球前的要位。要位时队员不要在原地等着接球，而要根据球和防守队员的位置，不断地运用各种碎步结合转身要位。

传接球技术是篮球运动中所有技术中最基础、最基本的技能，是一场比赛中实施战术及加强比赛流畅度的重要手段，在比赛中发挥着特殊的作用，产生独特的效果。一方面传接球技术可以提高对球的运行速度及全体队员进攻的流畅度；另一方面可以加强比赛的观赏性，加强竞争意识，还能破解对方防守，构成部分进攻优势，可以压制对方的节奏，使对手有劲使不出。篮球传接球技术不仅是对篮球这个项目淋漓尽致的诠释，也是运动流畅性、唯美健康的极大体现。篮球传接球技术是篮球项目不可替代的独一无二的"丝绸之路"，没有什么技术能替代这个串联整个团队的技能。"无兄弟，不篮球"恰恰是团队篮球的最好体现。

二、篮球传接球的技术训练方法

笔者通过在学校教学期间对学生的教学，经过系统整理制定了以下几个训练方法。

（一）发力与消力

第一节课上篮球课，发现学生的传接球技术非常粗糙，于是重点对他们进行发力与消力的教学讲解和示范，通过脚蹬地，重心的起伏来完成教学。主要练习学生各种位置和方向的传接球，保证力量的恰当性，对传球球员而言，最佳力度是接球球员不用消力便可以直接运球或者进攻；对接球球员而言，需要第一时间化解传球的力量并直接转换为运球或者进攻的动作。经过一节课的练习，学生能够熟练地通过重心移动来控制发力与消力。

（二）传接球位置

在掌握了发力和消力，确保传接球质量后，给他们制定了更加严格的目标，就是传接球的位置。首先确定最佳的传接球位置是齐胸传接球，也就是传球者把队友的胸口高度作为传球目标点，保证队友举起手能够顺利接到传球而不需要调整动作就可以选择进攻。当训练时强调传球路线平实，不需要弧线，学生在经历了频繁掉球、接球难的困难后，渐渐学会发力消力，初步掌握了传接球位置的准确度。

（三）击地传球训练

击地传接球是在当有防守球员卡在持球队员和要球球员之间的情况下，选择防守球员的身前或身后作为击地点，以避免被抢断。长距离的击地传球把与要球球员的距离之间的三分之二点作为击地点，保证要球球员可以齐胸传球。在进行常规的击地球训练之后，增加难度，开始行进间击地传球和不看人传球。

三、篮球传接球的战术训练方法设计

传接球训练的最佳效果是传接球之间力量上恰到好处，接球球员不需要调整动作就可以直接开始运球快速进攻或者继续传球，不会导致任何推进速度的凝滞；而传接球的最佳线路是以尽可能减少失误为准，这将在团队分组对抗中得到验证。为了提高全员的整合性与战术素养，本节设计了以下几个训练方法。

（一）快攻中路分球两侧的训练

快攻推进球员大多选择中路持球推进，左右两名无球球员下底，三人组快攻训练。在训练时要求中间的球员为控球后卫，呈漏斗状的三角形，训练一开始成功率不高，两边球员有意地在等中间球员，传球连贯性不足，中间球员与两边球员几乎成直线。在经过多次练习与指导后，控球后卫留在后面跑，两侧球员侧身跑练习，可以初步地实践这项简单的战术，但实际比赛中使用率与成功率均不高，仍有待加强。

（二）快攻中左右路传球训练

两名球员分为左右路推进的快攻传接球训练。因为快攻中路分球两侧的训练对初中生来说实践起来有难度，所以就制定了较为简单的快攻中左右路传球训练。由于之前学过侧身跑，因此行进间传球难不倒他们，但是在控制两人距离与传球点的问题上他们表现得还是不够熟练，成功率不过一半，在确定传球点在身前 1 米处之后，距离控制在 5 米，效果大大增强。之后进行自由距离训练，效果也不错，此战术非常成功。

（三）持球队员下底左右侧无球球员稍后的传接球训练

持球推进球员带球中路快速靠近篮筐牵制，左右路无球球员顺势推进完成进攻之间的传接球训练。此战术必须有攻击性后卫撕破防线，然后到篮下吸引众多防线再分给左右跟进的队友进行上篮及投篮的训练。在传接球的环节上，出现了默契程度不够的问题，因为事先不知道传给哪位球员。在增加了注意力与熟练程度后，这套战术运用得炉火纯青，而且在比赛中也运用得很多，成功率也很高。

篮球的传球与接球方式多种多样，传接球技术是篮球进攻中的纽带，是实行战术的基本要素。针对出现的传接球问题，对球员进行技术、战术、心理的训练，全方位地改变球员对篮球的理解与运用。

要从思想上对篮球的传接球技术给予充分重视，要针对其制定行之有效的战术；加大运动员基本功的训练强度，尤其是注重运动员不擅长的手脚，并且鼓励他们在比赛中也要有不擅长手脚的进攻尝试，提升传球的应变能力，鼓励传球方式多样与合理化；现代篮球比赛是双方激烈的对抗。比赛不仅比基本技术，也比坚强的毅力，不仅需要球员有优秀的技战术水平，还要有良好的心理素质。在平时的训练中，要以体系训练为主，在加强个体自身技术的基础上加强队员之间的默契，加强相互对抗的实践训练，注重毅力品质的锻炼，使球员改善偷懒不努力的作风，还要进行队员的心理素质训练。

第三节 投篮技术

当前，篮球已经成为我国非常热门的体育项目，广大青少年都特别喜爱篮球。在篮球的竞技当中，得分的方式是投篮，通过投篮的准确率可以判断一个球队的整体水平。投篮也是篮球比赛当中决定胜负的根本所在，因此，想要提高投篮的命中率，不仅要有优秀的身体素质，还要熟练掌握投篮的技巧，强化运动员的心理素质。基于此，本节主要对篮球运动的发展历程、投篮的技术及投篮的特点进行阐述，对常见的投篮类型进行介绍，并且展开分析，最终对提升投篮技术提出了一些建议，供大家参考。

在篮球运动当中，最为重要的进攻就是投篮技巧，投篮技巧是篮球比赛取得胜利的关键所在。此外，篮球这项运动还是一种活动性极强的运动，在运动的过程当中还伴随着很强的竞技性。篮球运动的竞技性主要体现在投篮的过程当中，因为投篮成功就能够获得分数，所以应该对投篮技术进行掌握，这样才能够提高自身的篮球水平，本节将对篮球投篮技术的基本类型进行简单的介绍。

一、投篮技术的基本含义及特点

（一）投篮技术的基本含义

投篮是指运动员将篮球投进篮筐所采取方法的总称呼。篮球运动中进攻和得分的手段是投篮。在篮球比赛当中，运动员如果能够熟练地掌握投篮的技术，提高投篮的命中率，那么在比赛当中优势是十分明显的。

（二）投篮技术的特点

投篮技术也包含很多的特点，随着篮球运动的快速发展，投篮技巧逐渐转向跳投方向。当前，国际的篮球运动员为了能够快速适应运动变化的节奏，以及高强度、高对抗的比赛，无论是男运动员还是女运动员，在投篮方式的选择上大多选择以跳投为主的投篮方式，这种投篮方式的主要特征为：在投篮的过程当中点多面广，内部和外部能够有效融合，在比赛当中能够充分地展现出每一位球员的作用，在比赛当中无论是后卫、中锋，还是前锋，都有得分的可能。在比赛中经常会见到，进攻方的球员选泽内线和外线相结合投篮方式，多次传导球，最终跳投得分，这种方法在比赛中有着显著的效果。

二、篮球运动中投篮技术的基本类型

（一）原地投篮

原地投篮是篮球运动当中最基本的投篮方式，在篮球比赛中选择原地投篮对运动员的身体平衡及全身的协调性是非常有帮助的，这项投篮技术很容易被掌握，所以在比赛当中被广泛地运用到了中远距离的投篮及罚篮当中。

（二）行进间投篮

行进间投篮的标准动作技术是右手放在篮球的中心位置，右脚向前跨并且借助球体，接下来左脚立即起跳，右腿屈膝抬起，身体跳到最高点，这些动作完成后将篮球举到头部的右端，再运用手腕和手指的配合，将篮球投入篮筐。

（三）跳起投篮和扣篮

跳起投篮这种投篮方式具有突发性，它的主要特征是出球点比较高。这种投篮方式可以和一些运球方式合理地配合使用，例如，在原地进行跳投，或者在运球行进过程当中进行急停跳投。这种投篮的技术要领为：在进行右手投篮时，两只脚要自然张开，让身体的重心落在两脚之间，使得手臂和肩关节保持平行。在起跳时蹬腿跳起，身体的重心向后，此时球从手中投出，在落地时要注意缓冲，可以选择屈膝的方式，用这种方式尽可能地避免损伤。还有一种篮球比赛中常见的得分方式是扣篮，扣篮也叫灌篮，运动员在进行扣篮时需要纵身跳跃，全身用力将篮球放入到篮筐当中，手抓住篮筐进行缓冲，整个人的身体挂在篮筐下面。一般来说，扣篮得分的成功率是比较高的，能运用扣篮的得分方式也是运动员身体素质强大的体现。

（四）补篮

补篮主要是指运动员在进行投篮时篮球没有进入篮筐，这时运动员可以起跳，将在空中的篮球放到篮筐当中。补篮也很考验运动员的身体素质，同时也很考验运动员的判断能力，运动员需要对篮球的落点进行判断，从而在空中抢到篮球，进而补篮得分。

三、提升投篮技术水平的举措

（一）切实规范投篮动作

要想让篮球运动员的投篮水平得到快速提高，首先要做到的是对篮球运动员的投篮动作进行规范，因为篮球的命中率和投篮动作有着直接的关联，篮球投篮动作的规范将直接保障投篮的命中率，所以很多的篮球运动员在平常的训练当中，都最先开始投篮动作的训练，以熟练掌握投篮的技术和技巧。同时，作为篮球爱好者还要经常观看篮球运动比赛，通过观看比赛可以了解世界顶级的篮球运动员的投篮方式，在观看过程当中对篮球命中率的准确程度进行思考，从而借鉴他们的投篮方式，再结合自身日常的投篮方式，养成自身最习惯的投篮方式，这样能够在最短的时间内强化自身的投篮水平，为在篮球比赛当中获得胜利奠定基础。此外，篮球的教练组也应该对运动员投篮进行定期教学，可以采取定期考核的方式，来测试运动员投篮的规范性，对每个人形成一个特定的投篮培养方案，为提高运动员的投篮准确率奠定基础，广大的篮球界人士和篮球爱好者应该对此重视起来。

（二）提高运动员投篮的注意力

篮球运动比赛的胜负都是通过分数进行判定，而篮球得分高低直接取决于投篮的准确程度，所以想要得到更高的分数，就应该多锻炼自身的投篮技巧。教练在锻炼运动员的投篮技巧时，应该注意锻炼运动员自身的专注能力，当运动员集中精力时，他们的投篮命中率将会得到大幅度提升。所以，提升运动员投篮的专注能力非常重要，需要相关的教练人员做好日常的培训工作，采取具体可行的措施来协助工作。比如，在运动员进行投篮时，可以适当地进行一些干扰，让其他的陪练人员来观察运动员受到干扰时投篮的变化，以及得分命中率，然后根据相关的要点提升运动员的投篮专注力。如果运动员在受干扰的情况下注意力出现问题，那么可以采取相对应的训练措施，从而不断地锤炼运动员的篮球技巧。通过这样的训练，篮球运动员的投篮素质和投篮能力将会大大提高。

（三）提高篮球运动员的投篮自信

想要让篮球运动员的篮球技巧得到大幅度提升，还要注重培养篮球运动员的自信心，运动员的自信心和运动员的投篮水平有很大的关系。如果一个运动员在球场上自信心比较充足，那么运动员在投篮的过程中能够充分发挥应有的实力，而且效果是非常显著的；如果一个运动员对自身不是那么自信，那么在比赛时他们就会常常怀疑自身的能力，在比赛的过程中不能充分地展现自身的篮球技巧，从而在整体上影响运动员的比赛成绩，而运动员如果投篮的准确率下降，那么他们在赛场中的输赢就会波动很大。所以在日常的训练中，相关的教练团队就应该从语言和行动上对运动员进行鼓励，让运动员能够意识到自身在整个球队当中地位是很重要的。运动员会加强对自身基本功的练习，也会提高自身的自信心，在投篮的过程当中能够毫不犹豫地投出篮球，即使篮球在没有投中的情况下，他们也能够及时地调整自身状态，从而大幅度提高篮球的命中率，获得整场比赛的胜利。因此，培养一个运动员的自信心，对运动员的成长有着很关键的作用，不仅有助于运动员篮球技术的提升，也能锻炼运动员的心理素质，所以教练团队要高度重视培养运动员的自信心。

四、投篮技术的应用

（一）单手肩上投篮技术的应用

单手肩上投篮技术名称的来源就是投篮的姿势，运动员在投篮的过程当中由肩膀的上方用一只手将篮球投入篮筐当中。在篮球运动中，单手肩上投篮是一种比较常用的投篮姿势，将这个投篮姿势进行细分还分为单手肩上投篮技术及行进间投篮技术，这个投篮的姿势出手点比较高，不容易被抢断，而且在运球过程中能够和其他进攻技术密切融合，所以在投篮的姿势当中是非常实用的。

在进行单手肩上投篮时需要注意以下几方面：第一，在抓球的时候五根手指要分开，球不能和手心接触，使得球和手心之间存在一定的缝隙；第二，肩部的动作要和手部的动作协调一致，将篮球抓起之后，手腕要向后自然地弯曲，同时还要注意肩膀的动作，让肘部能够保持一种蓄力的状态；第三，还要注意大臂和小臂之间的角度，在手部的姿势确定以后，再将身体向前倾斜，同时注意小臂和手之间的角度，调整好姿势后进行投篮。

（二）急停跳投技术的使用

急停跳投技术是进攻球员在行进间急停和快速起跳的两个快速连贯性的动作，在这项技术中，可以利用时间差来快速地摆脱掉防守人，从而实现上篮得分。急停跳投的基础是跳起投篮，它们的区别是在急停跳投时多了急停和起跳两个动作。通常在运球和接球的过程当中会运用急停跳投，当前这项技术已经成为运动员必备的投篮技术，但这项技术对运动员的运球能力和身体素质都有很高的要求，所以需要进行不断的强化训练。

总而言之，投篮水平的高低和篮球比赛的输赢有着直接的关联，所以在平时的训练当中，需要经常进行投篮的练习，本节从多个角度对投篮技术展开了分析，分析了不同类型的投篮技巧，对投篮技术的基本含义和特点也进行了分析，最后提出了运动员提升投篮技术的有效措施。随着我国对篮球重视程度的不断提高，篮球运动将会朝着更好的方向迈进。

第四节　运球技术

篮球运动具有较强的群众基础，受到人们的喜爱。运球贯穿于篮球运动的整个环节，可以说，运球技术水平的高低体现了运动员的篮球技术水平。因此要着力提高篮球运动员的运球技术水平。然而，我国高校当前篮球运球技术的教学过程仍旧存在着许多问题，这些问题制约着学生篮球技术水平的提高。本节对高校篮球运球技术的教学现状进行了分析，并在此基础上对高校篮球运球技术的教学策略进行了探究。

篮球作为大众喜爱的一项运动，成为人们日常休闲娱乐的一种方式。在高校，篮球作为体育课程的一项基本内容，受到大学生的欢迎。在篮球技术的教学过程中，运球技术的教学是课程教学的一部分，因为运球贯穿于整个篮球运动的全过程，学生的运球技术水平直接关系着自身的篮球技术水平。因此，在高校的篮球教学中，要注重对学生进行运球技术教学，并努力探究运球技术的教学策略，改变传统的教学方式、教学理念，创新运球技术教学的方式、内容，从而更好地提高学生的运球技术水平，提高学生的篮球技术水平，促进高校篮球教学的不断创新和进步。

一、高校篮球运球技术的教学现状

（一）课程时间短，教师重视程度低

我国高校篮球运球技术教学存在着课程时间短、教师重视程度低的问

题。高校篮球教学主要是在体育课上进行，高校体育课程时间短，分配给篮球运球教学的时间也会相应缩短，而且教师注重投篮、传球技术的教学，却忽视了运球技术的教学，这也在很大程度上制约了学生运球技术水平的提高。因此，教师转变传统的教学观念，注重篮球运球技术的教学，并适当增加篮球运球技术教学，才能提高学生的篮球运球技术水平，促进学生篮球整体水平的提高。

（二）教学方式单一、落后

篮球训练尤其是运球技术的训练是枯燥、乏味的，这就需要教师创新教学方式，增加课堂教学的趣味性。当前，我国高校的篮球运球技术教学方式单一、落后，学生的积极性也不高。在篮球运球技术的教学过程中，学生只是个人或分组进行练习，枯燥的训练使学生逐渐失去对篮球的兴趣，课堂实效性也不高，学生的运球技术水平也得不到相应的提高，这也阻碍了学生篮球技术水平的提高。因此，如何改变传统的运球技术的教学方式，增强课堂的趣味性，激发学生学习篮球的积极性，从而更好地提高学生的篮球运球技术水平是当前高校亟须解决的问题。

（三）篮球运球技术教学未注重学生的差异化水平

当前我国高校的篮球运球技术的教学未考虑学生之间的差异。学生的身体素质水平不同，接受程度也不同，采用统一的教学目标及要求难以提高学生的整体运球技术水平。接受程度较好的学生难以得到更好的提升，而接受程度较差的学生对课堂内容又难以掌握。这样，学生的自信心逐渐下降，进行运球技术训练的积极性也逐渐降低，学生的运球技术水平难以得到提高，课堂质量水平也不高。因此，高校篮球运球技术教学过程要考虑学生之间的差异，进行因材施教，从而保证每位学生都得到提升，促进我国高校篮球运球技术教学的不断创新与进步。

随着篮球运动在全球的发展，运球技术作为篮球技术的重要组成部分也备受人们的关注，然而更多时候人们是在关注得分，忽视了运球技术在其中的重要作用。学生中也有很多篮球爱好者，他们有各自的偏好，有的喜欢炫目的运球技术，有的喜欢接球突破的瞬间，有的喜欢出手投篮后篮球进筐的时刻，还有的喜欢在对手头上抓下篮板的霸气。但在他们也有很多不足之处，就拿运球技术来说吧，往往有很多人在运球时会出现很多失误，例如，走步、变向时太慢被抢断，转身运球时重心不稳等，这些都是因为他们自己平时基本功练习不扎实，没有结合正确的训练方法。因此要想真正意义上提高运球技术，必须找到影响运球技术提高的因素，进而结合自身的实际情况制定出针对性对策，从而提高自己的整体水平。在此希望通过本书研究可以找到影响运球技术提高的因素，进而制定出针对性对策，对以后运球技术的提高能够有所帮助。

二、影响学生运球技术提高的因素

影响运球技术提高的因素主要包括个人技能因素、专业技术因素、心理因素三个方面。

（一）影响运球技术提高的个人身体因素

1. 协调性

协调性是指人体在运动过程中身体各器官、系统在时间和空间上相互配合完成动作的能力。运球动作的观赏程度很大一部分取决于协调性的好坏，但运球技术的好坏也和协调性有很大关系。有的人在练习转身动作时腰、肩和手部动作就是结合不到一起，就做不出这个动作，还经常容易出现失误，因此，加强协调性的训练也有助于运球技术的提高。

2. 自身力量

自身力量的大小在一定程度上会对运球技术产生很大的影响，例如，在比赛中，对手不可能给你轻松突破的机会，很多都会给你加身体对抗，自身力量强的可以在身体对抗的同时轻松完成自己想要完成的动作，自身力量弱的很可能在完成突破时投篮动作发生改变或直接出现失误，给对手更多的机会，而加强自身力量可以提高自己的运球技术水平，能够让你在比赛中艰难的对抗下更好地掌控球的位置。

（二）影响运球技术提高的专业技术因素

1. 球感

球感的好坏对运球技术的提高有至关重要的作用，可以采用一些简单有效的方法来熟悉球性，增强自己的本体感觉。例如，原地站立时两手指尖拨球、双手拿球绕身体转、原地快速运球等，同时必须建立正确的运球姿势，眼睛要从篮球上离开去关注周围的情况，以此来提升手指粘球的能力。球感好的显著特点是能对球的形状、轻重、弹性、空间运动的速度和方向的变化达到非常精细判断的程度，这种知觉能使学生在比赛中快速、准确、稳定、巧妙地进行传球、接球、运球，并且很少出现失误。

2. 运球技术基本功

无论什么运动，想在比赛中发挥好，就必须有扎实的基本功。例如，可以通过行进间的绕障碍物运球，在运球行进时急起急停变速运球，还可以让同伴做阻力进行运球来练习自己的基本功。这些不同的运球组合练习方式不仅有利于练习运球时抓住主要环节来解决自己在练习时存在的问题，同时也体现了运球技术练习的针对性、科学性和实效性，为提高运球技术提供了很多的帮助。因此，平常在练习时就要抓好运球技术基本功的练习，只有把基本功练好，在学习其他技术时才会取得事半功倍的效果。

3. 动作速度

在比赛的过程中，假如你想突破防守人，你必须拥有良好的运球技术，包括假动作晃动后突破、交叉步突破、转身过人、胯下运球变向过人等。因此，要想快速突破防守人，为自己获得攻击篮筐的机会或为队友创造更好的机会，除了要拥有扎实的基本功外，还必须拥有灵活的脚步动作加上比对手更快的速度，所以必须加强动作速度、快速力量的练习，以此来让自己的运球技术更加熟练，在比赛中应用起来更加灵活。

（三）影响运球技术提高的心理因素

1. 动机

在学习时，自己主动学习和被别人约束学习效果完全不同，同样，在运球技术的练习过程中，如果没有积极性，再多的努力也不会取得很好的效果。所以在练习运球技术时，首先要调动自己的积极性去学习，并且要有主动去激发学习运球技术的动机，而不是老师要求或是同伴督促。例如，你喜欢投篮，但对运球一点也不感兴趣的话，那么无论别人如何教你学习运球技术，你都会置之不理，当然你的运球技术也就不会进步。由此可见，要提高自己的运球技术，必须从自己的内心出发，努力提高自己学习运球技术的积极性，主动地去学习，那样你的运球技术才会很快地更上一个层次。

2. 运动技能迁移

运动技能学习的迁移是指已获得的经验对后来学习效果的影响，已获得的经验对以后的学习起促进作用的称为正迁移，对以后的学习起妨碍作用的称为负迁移。在学习运球技术时，要努力使运动技能的迁移能够提高自己的运球技术，而不是让自己的技术动作发生改变以至于阻碍自己运球技术的提高。在平常的练习过程中，要好好掌握运动技能迁移的规律，这样不仅有助于合理安排各种技能的学习顺序，而且能强化对运球技术特征的掌握。

3. 运动兴趣

兴趣对一个人能不能做好一件事有很大的影响，同样，运动兴趣对你是否愿意参与某项运动也会产生影响。要提高自己的运球技术，你首先得对运球技术感兴趣，愿意去运球，如果你只想投篮不想运球的话，那么你的运球技术永远也不会取得实质性的提高。因此，要从自己的内心出发，怀着真实的想法去练习运球技术，从而使运球技术得到提高。

篮球运动经过一百多年的发展已成为奥运会的核心项目之一，美国篮球职业联赛也是世界上最受关注的体育赛事之一。篮球运动的场地要求较低、新建方便，这使得篮球运动成为深受学生和百姓喜爱的一种休闲娱乐活动。在我国，篮球已成为各级学校体育教学的必备课程之一。在整个篮球技术的教学过程中，运球技术直接决定了学生的篮球学习水平，且贯穿了篮球教学的始终。运球技术的提升不能仅限于传统的"教师教、学生模仿、抠动作、多练习"的模式，这样只能让学生学会运球而不会有较大幅度的技术提升。体育教师必须运用科学训练法，结合学生运动的大数据，对所教班级篮球水平进行整体评估，有针对性地制订出合理的运球技术提升计划，并进行教学理论和实践的创新。

三、篮球运球技术提升对于篮球运动教学的意义

运球技术对于学生篮球技术整体提升的作用不言而喻。运球技术不仅包括运动人员原地和移动行进过程中单手拍篮球的动作，也包括进攻中的突破和摆脱防守的节奏和掌控能力。运球技术的熟练应用，不仅能促进学生个人篮球水平的提升，还能让篮球这项集体运动的内部配合和战术水平层次得到大幅度的提高。篮球运球技术的掌握程度直接决定了学生对于篮球的掌控和支配能力，运球技术的最高境界就是实现人球合一，这能够使篮球比赛的节奏掌握在自己手中。在我国的大中小学中，篮球运动的普及程度已经很高，篮球运动已成为许多男生放松心情、舒缓压力的活动之一，对于学生运动协调能力、身体机能的提升有着显著的效果。篮球基本运球动作的教授已不能满足大部分学生的需求，需要传授一些难度较高的技巧性动作，让学生的整体篮球水平得到提升，也让篮球运动的教学不再拘泥于基本动作，而

是向着运动对抗中的实战阶段迈进，让篮球运动教学的整体深度跨向更高的层次。

四、篮球运球技术的基本动作和训练方法概述

（一）篮球运球技术的基本动作

篮球运球的基本技术包括低位运球、高位运球和运球急起急停三种。低位运球时，需要在短时间内加大双腿的弯曲度，使重心降低。高位运球则要求运球者目视前方，上身略微前倾，腿部略微弯曲，通过手指和腕部的力量掌控篮球的运球方向。运球急起急停的难度高于高低位运球，对篮球的控制力度更加讲究，对运球者的身体控制和协调能力要求更高。急起主要是拍球的后上方，而急停则是拍球的前上方，需要学生多次训练和感悟才能掌握。

（二）篮球运球技术的基本训练方法

篮球运球技术的训练一般从熟悉球性开始，最简单的熟悉球性就是拍球，高一层级熟悉球性的训练方法是通过指、腕和臂的力量进行运球练习。通过双手交替的运球练习和对墙进行双手运球练习达到熟悉球性的目的。另外，按照体位进行划分，可以将运球训练分为高位运球训练和低位运球训练，还能在体侧进行前后的推球训练。部分水平较高的学生可以进行胯下的"8字"和"左右"运球练习。行进间的运球训练则更加复杂，除在行进中进行直、曲、弧线的运球练习外，还应加强领跑运球的练习，这是篮球比赛中行进突破的关键。除此之外，需要对运球训练中的错误动作进行纠正，以便帮助学生在篮球教学过程中提高运球技术。在运球过程中，不少学生喜欢使用手掌进行拍球，而非运用腕和指的力量。教师应该利用触球和控球，训练学生指、腕的灵活度。在运球的手型和运球过程中的变速和变向方面都容易犯错，教师必须及时加以引导和纠正。

五、篮球教学中运球技术提高的方法策略

（一）以趣味游戏为训练的内容，让篮球运球训练不再枯燥

传统的篮球教学只注重动作的讲解和练习，通常是教师将动作分解，学生按照分解的动作进行练习，运球训练的运动量大，而且几乎是持续地练习同一个动作，导致部分学生练习多次后对运球训练失去了兴趣。由于每个学生的协调性和学习能力不同，这种枯燥、单一的训练模式使部分能力略低的学生渐渐跟不上上课的节奏，课堂活跃度降低，教学效果大打折扣。教师应从趣味游戏入手，让训练变成一种游戏，在学生"玩乐"的同时，提升学生的运球能力。结合篮球运球技术的要点，将篮球的运球与跑步接力结合起来，通过绕圈运球接力、直线运球接力等体育趣味游戏，让学生感受不同运动轨迹运球的力量，最终达到人、球合二为一的境界。通过游戏，规定不同信号发出后进行的不同运球方式，考验学生的应变和突破能力。另外，花式运球、双手同时运球、运球比赛等，使得篮球运球训练不再枯燥。趣味游戏是训练的一种手段，教师在设计游戏时，要理解它的初衷，在游戏的过程中应注意观察学生的动作情况，必要时进行纠正，牢记趣味游戏的本质。

（二）进行分层式的差异化教学，真正做到因材施教

普及性的篮球教学中，学生的水平参差不齐，个体差异较大。在篮球运球技术的教学中，教师需要对学生进行层次的区分，做到提优补差、因材施教。教师在教案的制作上，应充分考虑各层次学生的实际水平，对于身体力量和协调性较差的学生，多进行基础力量、协调性和基础动作的练习；对于普通学生，可根据教学大纲的内容按部就班地进行教学；对于少部分喜爱篮球运动且基础运球动作娴熟的学生，可安排进一步的障碍运球、定点运球、快速运球等动作难度较高的训练，提高高水平学生的肌肉、关节掌控能力，注重身体对抗过程中的运球技术提升，使高水平学生运球时的身体姿态、手

臂动作、球的落点和手脚协调配合度达到更高的层次。差异化教学能让学生根据自身的水平和身体状况选择合适的练习方式，避免所有的篮球运球教学千篇一律。在教学过程中，教师除了要教授学生篮球运球的动作要领外，还需要观察学生的心理状态，当学生在学习过程中出现困惑或畏难情绪时，教师需第一时间帮助解决，以提升学生的自信心。

（三）运用组合运球训练的方法，让学生的运球技术更贴近比赛实际

篮球运球技术多种多样，既包括高低位的基本运球，又包括背后、体侧、胯下等具有一定难度的运球方式。在篮球运球技巧的训练和教学中，除了训练单一种类的运球方式外，还应根据场地、学生的身体状况、学生的运动灵活程度等因素，组织学生进行多种运球方式的组合训练。在场地条件允许的情况下，将定点运球、快速运球、突破障碍运球、运球上篮等运球实战性训练结合起来，让运球教学更接近于实战水平，从而更加快速地提升学生的运球技术。在组合运球的训练中，可以通过在有限的时间内进行运球比赛的方式来检验学生运球技术的掌握程度。比较常用的训练方式是五步式变速运球，以五步作为一个划分，从匀速到加速再到减速的过程。在匀速的过程中，将球控制在脚侧的范围内；在加速的过程中，将球向前推，注意控制步幅和推球的力度。在激烈的篮球比赛中，身体变向突破换手运球的运用也较为广泛，在训练时要注意教授学生控制身体。组合运球的训练模式，更有利于提高学生在篮球比赛中的实战运球水平，让运球技术教学不再是纸上谈兵。

（四）通过增强现实技术和以赛代练提高学生的学习热情

随着增强现实（AR）技术的飞速发展，很多运动项目的训练已经引入了 AR 技术。2018 年，美国苹果公司在其发布会上，用 iPhone XS 演示了一款名为 HomeCourt 的 AR 篮球训练应用。该应用只需要一部智能手机和一个三脚架固定，就能够对训练人员的姿势、角度、奔跑速度、球的弧度等参

数进行精确计算，在 App 中也有各类小游戏，在训练人员感觉枯燥无味时进行小游戏的挑战，同样能达到运球训练的目的。这款 App 为篮球教师的教学收集了数据，教师能够在大数据中找出学生训练的长处和不足，有利于教师制订有针对性的教学计划。学校可以根据教学数据的变化，随时掌握篮球运球教学的成果和不足，为学校的教学评价提供基础。篮球运球技术的提高不能仅局限于课堂的教学，学校和教师应开拓途径，多组织篮球比赛，以赛代练，提高学生篮球运球的技术和实战水平。篮球教师在比赛中应充当好教练的角色，帮助学生找出不足，便于日后运球技术的改进和提高。多维度的教学模式使篮球运球训练不再平淡无奇，而是变得生动活泼。

综上所述，虽然我国的篮球教学存在教学手段单一、时间短、信息化技术运用程度不高等多种问题，但作为篮球教学的基础训练，运球技术的提高越来越受到学校和篮球教师的重视。相信通过新方法、新技术的不断应用和实践，篮球教学中运球训练的效果会稳步提升，也会让更多的学生爱上篮球运动。

第五节　持球突破技术

篮球是世界上推广得最好的运动之一，我国也是篮球大国，人民群众广泛参与，每年组织的比赛也多种多样。但在国际赛事上，我国篮球成绩遇到了瓶颈，很多年轻队员基本功有待加强，基本技术有待提高。本节着重对篮球运动中的个人突破技术进行探讨，以期为篮球基础性训练提供一定的参考。

一、突破技术的定义

目前国内对突破技术尚无权威且统一的定义，笔者查阅了李文学、王冬、姚巧泉、唐鹏等学者的相关研究，结合自身对篮球运动的学习和实践，认为突破技术是运动员根据场上的进攻需求，在球场上利用运球技术和脚步动作，超越防守球员的一种进攻手段。突破技术的关键在于进攻方在球到手之前，积极无球跑动，利用身体重心、速度、方向的变化摆脱防守方，以求球到手后，第一时间获得空位机会，便于得分。

二、突破技术的原则

篮球运动节奏日益加快，攻防快速转换，抢到防守篮板后，后卫快速推进、大量的三分出手等现代篮球打法成为主流。突破队员必须根据场上形势、防守球员的站位、自身优势选择突破方案。

（一）敌我实力悬殊

突破技术的实现主要根据防守球员的速度、力量、身高、臂长等方面和自身的身体条件相对比来判断。如果自身对防守球员有绝对优势，比如，大打小场面，身高、力量都占有绝对优势，就应该果断突破，赢得机会；如果是小打大局面，就应该慎重考虑，可以采取假突真传，吸引防守方的注意，为队友创造机会。

（二）对方站位失误

进攻方队员应该利用防守方站位的失误来进行突破。在比赛中，由于各种战术的运用，在进攻时会有挡拆、无球跑动、高位掩护等方法来带乱防守方节奏和阵形，很有可能出现大打小局面，或者是防守方被己方挡住，获得突破机会。进攻方应该对场上局势时刻保持准确的判断，迅速观察，只要有突破空间，应当机立断、果断突破。

（三）利用时间差

进攻方由于有球权，处于主动位置，有多种进攻选择。当进攻方选择传球或投篮时，可以适当采取假动作，或利用眼神欺骗防守方，使得其做出错误的防守判断，从而突破对方。比如，在外线选择投篮时，防守方很容易跳起盖帽，这时进攻方球并没有出手，可以利用此时间差快速突破，获得空位进攻机会。

三、突破技术的选择时机

篮球运动考验的是运动员的综合素质，包括篮球技术、体能素质、心理素质等。需要时刻观察己方和对方的球员配置，对方球员的身体素质、防守站位、防守强度及对方教练的战术安排等都需要考虑在内。如果只是一味蛮干，不考虑上述因素进行突破，往往会浪费进攻机会，浪费己方队员体力，甚至被对方有目的地针对，打出反击。因此，合理选择突破时机至关重要。

当防守方队员失去平衡或者判断失误，被晃开或者点飞时，可果断突破。当防守球员脚步慢、运动能力差，而己方有明显的速度优势时，可以选择突破。当防守球员犯规较多，己方可以勇敢突破，获得罚球机会并造成杀伤目的。己方外线投篮较准，迫使防守方扩大防守区域时，可以果断选择突破，内外结合。防守方有球员过来协防时，应利用突破吸引对方注意，为队友获得空位投篮机会。比赛进入僵持阶段时，应针对性多做突破，造成对方杀伤，获得罚球机会，打开局面。

以上是一些时机的把握，但在真正比赛时，局势瞬息万变，不应墨守成规。应该在遵循篮球运动的本质和原则下，根据实际情况，灵活采用战术，合理突破，获得得分机会。

四、突破技术的基本要素

（一）速度较快

速度在突破过程中起决定性作用，突破这项技术的本身就是利用身体位移速度和运动速度快速超越对手，达到得分目的。进攻方在进行突破时，身体成半蹲姿势，后腿微曲，便于发力。大部分突破步法都是成弓箭步姿势，保证身体可以及时蹬地加速，快速超越对手。运球速度的快慢主要取决于手臂力量和协调性，连续有力地快速运球可以保证球不被切断，达到护球目的。美国男子职业篮球球星克里斯·保罗在教学中演示，运球训练需要用最大力量运球，球如果没有接住，应该弹到天上才算合格。这样可以保证球高速运转，获得更好的突破机会，由此可见运球速度的重要性。

（二）脚步灵活

在突破过程中应该注意脚步移动和运球方式的结合，强调运球者需具备的高超的运球发力技术和良好的缓冲球冲力的技术。例如，美国男子职业篮球球星奥拉朱旺，以左脚为中枢脚，右手持球，向右转身为前转身，向左转身为后转身，利用探步晃开防守人，获得投篮空间，如果对方前扑防守，及时变换方向；如果不前扑，跳投即可。

（三）节奏变化

高效率的运球离不开对节奏的掌控，相同时间内，对球的拍击次数如果相同，称为节奏没有变化；同样的时间，对球的拍击加速或者减速，说明运球有了变化。有针对性的变化节奏能带乱防守者的节奏，从而达到突破对方的目的。你慢我快、你快我停、你停我突，达到消耗对手的目的。如果节奏不加任何变化，防守方很容易判断出你的进攻目的，从而做出调整，甚至是断球获得球权。

（四）假动作的运用

"真假"结合，灵活多变。逼真的假动作可以欺骗防守方的注意，摆脱防守人或者是误导防守人获得进攻机会，使突破技术更具有攻击性。观察高水平运动员比赛不难发现，运球队员运用后转身假动作使防守队员错位防守，然后突然前转身突破，如急停急起，利用假动作诱惑防守队员；再如，假向一侧突破的推按球、假收球投篮、假拨推传球、假单手上篮等，或者利用眼神欺骗防守者,看东传西,假突真传使防守者在防守的过程中更加被动,更有利于进攻者轻松运球突破对手。

持球突破是篮球技术中最基本的突破技术之一，队员运用这项技术的成功与否直接决定着进攻的效率。在篮球运动水平日益提高的今天，各项技术都在逐渐改进。这项技术的实战价值已经被提高到很高的认知档次。国内外很多运动员在训练时，这项技术的训练都是必不可少的，无论是后卫、前锋还是中锋。有很多人把运球突破也称作持球突破，其实，持球突破指的是在接到队友的传球后，运用正确的停球方式，使自己的速度在极短时间内由零加到最大，从而达到超越防守队员目的的一种突破方法。这种突破方式急快而且凶猛，是每一个篮球运动员必须训练的内容。同时，这也是一项不太容易掌握的技术动作，需要付出相当的努力，才有可能真正领悟持球突破的真谛。

五、持球突破技术的重要性分析

（一）持球突破是非常重要的篮球基本技术之一

在篮球的各项基本技术中，持球突破是非常重要的基本功之一，它是建立在熟练的行进间运球能力和移动能力之上的一项技术。只有具备熟练的控球能力，才能保证在很快的速度下运球不失误；无论是跨步急停（交叉步）、跳步急停，还是突破第一步的大跨步，都要求队员有很扎实的移动步法，所以，队员要有很好的控球能力和移动能力。而在现在的篮球训练当中，教练都会把这项技术作为极其重要的内容来训练，因为这是一项具有相当大杀伤力的基本技术。

（二）持球突破是提高球队整体技战术水平的重要因素

在篮球比赛中，总是能看到球打进去传出来，再打进去，种种快速突破的画面冲击着我们的视觉。队员都是凭着自己出色的持球突破能力，来提高整个队伍的整体技战术水平。纵观很多 NBA 球队，一个球队得分最高的队员位置基本上是小前锋，如勒布朗·詹姆斯、德怀恩·韦德等，而他们这些小前锋留给我们印象最深刻的技术就是持球突破，他们的动作非常犀利、漂亮。正是因为他们有很强的持球突破能力，使得整个球队的进攻很流畅，很具有观赏性，也使得球队的整体技战术水平很高。所以，队员有好的持球突破能力，是提高球队整体技战术水平的重要因素。

（三）持球突破技术是篮球运动员个人能力的关键标志之一

当我们在场下观看比赛（不管是职业比赛还是民间比赛），如果看到场上某个队员不会持球突破或者持球突破的能力很差，就会感觉到这个队员的个人能力不是很好。相反，这项技术被某个队员运用得游刃有余，无论是突破时机的选择，还是突破后的分球或者突破后的急停跳投，使进攻有条不紊，大家肯定一致认为这名队员个人能力很强。所以，篮球队员不仅要掌握运球、传球、投篮等最基本的技术，还要出色地掌握持球突破这项技术，以全面提高个人的能力。

六、持球突破惯用技法

突破是一种技巧性强的进攻技术，篮球运动员应灵活运用步法和运球技巧来超越对手。在比赛中，突破时间和合理运用突破技术，不仅可以直接切入篮筐，还可以扰乱防守队员的防守策略，从而创造出更好的得分机会，迫使防守队员出现不必要的错误。如果可以将突破和中距离投篮结合起来，进攻手段会更多元化、更有效。

（一）交叉步突破

动作方法：以右脚为中心脚，双脚绕开，两腿轻微弯曲，重心下降，持球并在胸腹部之间。在突破过程中，左脚很快蹬在前脚内侧，身体稍微右倾，左肩向前、向下按压，重心迅速向右移，进攻队员迅速运球同时左脚向右移动运球，中央踏板快速前进，超越防守。动作要点：蹬跨有力迅速，转身探肩保护球。

（二）顺步突破

动作方法：在突破时先迈靠前的脚（以突破方向为准），它的优势在于启动快，劣势在于对球保护不够，倘若对手恢复防守姿势并提前卡死行进方向则突破受阻。动作要点：后脚蹬地发力迅速，球和脚同时着地或先放球，以避免走步，沉肩抬臂保护球。

（三）后转身突破

动作方法：以左脚为中心脚，站在篮筐的后面，双腿平行张开，双腿弯曲，重心降低，双手握住腹部前的球；以左脚为轴心折断，右脚迈步向右方，上身右转，脚尖指向后侧，右手向右走在球前，左脚前脚在前足踏板上，划出球方向，盘球突破防守。动作要点：控制重心平稳。右脚应该是正确的，当走出右边，左脚内侧将活跃和强大。

（四）前转身突破

动作方法：运球突破时，运球手的异侧脚（左手运球，即右脚）向防守人侧前方蹬地急停，同时借助蹬地的力量，以另一只脚（左脚）为轴直接换手持球，做前转身变向突破动作。动作要点：假动作，移重心，蹬地突破。

七、持球突破技术在篮球运动中的运用探究

（一）充分运用突分球

1. 突破防守时，创造队友投篮机会

在比赛中，面对区域防守时，若对方有高度的优势且队友篮下得分受困、中远距离投篮困难，进攻队员应自觉打破摇篮或击球。将对手压向篮筐，迫使对手缩小防守区域进行传球并跟踪或追随目标。未防守的球员，打破球的策略不是得分，而是为中距离和远距离投篮创造机会。

2. 高效的突破，迫使防守方犯规概率增大

犯规是根据球场多方面因素具体判断的，最有可能造成犯规的办法就是以扎实的基本功和稳定的技术动作完成进攻并准确判断防守人。突破一般采用急停跳投或者突破上篮，在这种状态下对手可能犯的规则有两种：阻挡进攻和打手犯规。

阻挡进攻的判断依据是当时进攻队员和防守队员的脚下位置，若要造成阻挡进攻犯规，那就必须紧贴防守方侧面并且保证不造成顶撞现象，在这种情形下只要防守方破坏突破动作，那阻挡进攻犯规即可达成；且在这种情况下是判发边界球，若产生投篮动作（当对方全队犯规累计达 5 次以上时）将被判予两次罚球机会。

打手犯规的判断通常依据出现投篮或者投篮预备动作的时候防守方对身体特别是手进行攻击，比如，拉、打、推等一般有强烈的身体接触的行为。所以要让防守方打手犯规也要拥有好的基本功和投篮技术动作，在进攻的时候要果断和勇敢地以最快最稳定的动作形成自己的有效进攻，也可以附带上"假动作"吸引对方做出错误的防守，例如，用假动作骗得防守跳起来后你再向上跳，用自己的身体去顶对方并投篮。

在了解规则以后保证自身动作的标准性，再结合假动作诱导防守方做出不标准或者错误的防守动作，同时存在身体接触，即可造成防守方犯规。通过突破造成防守方犯规并且获得罚球是篮球场上常见的有效的得分方法。

3. 采用突破战术迫使对手改变防守策略

在比赛中，对手采用半场人盯人或紧逼防守战术，当贴近防守者时，进攻队员应尽量利用突破技术摆脱防守者或者吸引协防队员，通过突分球技术来制造队员篮下直接得分或投篮的机会，迫使防守方改变防守策略。

（二）准确把握运球突破的时机

持球是一种技术，即一个球员使用灵活合理的脚步和现实的假动作，结

合运球超过对手。在比赛中，必须根据防守者的位置果断选择突破的时机，充分利用变化来创造和抓住机会。

在无球状态下努力为造成对手犯规创造机会。作为一个想要握住球的球员，试着让防守队员尽可能地移动，并使防守队员通过快速的跑动和缓慢的转身变向的动作被动地移动。

接传球后的第一时间为最佳突破时机。进攻队员在未接球之前先对场上情况进行观察，确定进攻方法和路线，接到球后不要急于运球，因为这一时间是突破的最佳时机。即当进攻队员接到球后一瞬间，可任意选择运球、传球或投篮，处于主动优势，而跟防队员对持球队员的下一动作难以做出判断，完全处于被动状态。此时，持球队员应该立刻根据来防对手的跑位或站位，迅速利用各种假动作迷惑对方，迫使对手在移动中被动地随自己的动作而做出相应反应，造成对手出现防守漏洞，持球队员可及时运球突破对手。

利用步伐超越防守队员。超越防守队员，是指持球队员在运球过程中，当防守队员出现失误时，应迅速反应用力跨蹬放球，从而突破对手。当第一时机没有把握或被对手及时防守后，则要求持球队员在运球中利用熟练的运球技术做各种假动作，如运球急停急起、胯下变向、转身运球、背后运球等，带动防守队员随之移动，迫使防守队员在被动的状态下移动自己的身体从而出现失误，此时利用合理的步法及时超越对手，或者利用队友无球掩护来突破对手。总而言之，在运用假动作时要有战机意识，随时注意观察判断防守队员的眼前反应和可能反应，及时进行突破。

在现代篮球比赛中，持球突破能力是衡量个人篮球运动综合实力和水平的重要标准。不管是篮球教学的爱好者，还是初学者，都应该重视篮球技术基本功的发展，掌握并合理运用篮球持球突破技术，发挥篮球技术的最大潜能。

第六节　防守技术

一、防守技术及目的

防守技术是指运动员为了夺回球权或阻止对手进攻行动而采用的策略技巧与行动方法，它包括防守移动、防守有球球员、防守无球球员等。防守技术运用的目的十分明确，即破坏持球队员的进攻效果，堵截无球球员的进攻路线，破坏对方进攻机会与战机，获得控制球的主动权。

防守技术是组成全队防守战术的基础，直接反映出运动员的防守能力和全队的战术风格。防守技术的发展随着篮球运动攻守演变而发展，随着进攻技术的提高而改进，随着防守战术的变化而丰富，同时还受到篮球竞赛规则修改完善的影响。现代篮球运动的发展，使防守技术有了很大的变化，体现为防守的目的性明确、防守的对抗性强烈。防守的攻击性加强，防守急于进攻队员的威胁和压力加大，迫使对手违例和失误的次数增多，这对防守运动员的防守意识、防守能力、防守技战术素养等提出了更新、更高的要求。

俗话说，"以退为进，以防为攻"。进攻与防守是赢得比赛的两个核心要素，而防守作为篮球技战术运用的一种策略，是取得比赛胜利的基石。然而，当前我国高校篮球在防守技术方面还存在选位站位不准、步伐移动迟缓、协防联防整体配合亟待提升等诸多问题和挑战，面对这种新形势，需要在日常训练中树立起"大防守"的理念，走出一条个体防守与集体防守协调并进、防守技战术综合运用与攻防灵活转换和谐发展的路子，提升高校篮球运动员的比赛水平。

二、防守技术的特点

（一）预见性

预见性是战术意识的重要组成部分，是对进攻方进攻时球的运动方向的判断和把握。一般来说，进攻方为避开防守，会通过各种假动作来迷惑对方。作为防守方，要快速对进攻方的动作做出评估和判断，以有效洞察进攻方的球路轨迹，进而实现成功防守。一是保持防守意识，实施拦截和抢球。判断依据是球的速度、落点位置等；二是保持防守的动作。比如，在对方进攻前，事先做好屈膝、滑步的准备动作，时刻保持动作上的防守先机，重点是把握好身体重心部位，保持身体平衡。如果自身所处位置不利于防守，或者角度上、距离上存在偏差，可通过滑步进行调整。

（二）抗干扰性

抗干扰性主要是针对队员的心理活动所说。作为进攻方，在带球进攻的过程中，会通过各种假动作、迅速传球等方式给对方造成一定防守技术的干扰，以掌握更多控球权。作为防守方，一方面要清醒地认识到进攻方的干扰目的，摒弃各种干扰，提高心理的抗干扰性；另一方面要正确认识防守本身也是一种对对方的干扰，正是这种"干扰"和"干扰"的对抗过程，才有了篮球运动的看点。防守有力，说明防守方的自我干扰性强，抗干扰性也强；相反，防守不力，说明自我干扰和抗干扰性较弱，防守策略没有达成。队员之间、队员与教练之间要加强沟通，从心理、精神状态、战术策略等方面做出相应调整和变化，变被动为主动，实现成功防守。

（三）协作性

协作性主要是凸显团队合作的重要性。高校篮球比赛中，受传统思维、价值观念等方面的制约，往往存在一个误区：一对一盯人防守效率高，团队防守效率低。事实上，一对一防守策略是一把双刃剑，要么成功掌握控球权，要么防守失利给对手机会。所以要在一对一防守的同时，实施团队防守。这样一对一防守一旦失利，可以进行二次防守，即团队防守。

三、高校篮球运动员防守存在的问题

（一）防守意识和预见性亟待提高

受日常训练理念、赛事心理等因素的影响，比赛过程中，高校篮球运动员的防守意识和预见性较为薄弱，主要体现在三个方面。

一是选位力不从心。比赛中攻防瞬息万变，对运动员的防守选位要求较高。有的运动员对进攻方选位距离过近，易造成频频犯规；有的运动员距离过远，不能贴近对方形成有效防守。所以，运动员对选位要灵活把握，通过滑步掌控与对方的距离，在确保不犯规的同时让对方感觉到防守的攻击性，对其进攻造成压力。

二是补防意识不到位。当一个运动员单防失利时，紧挨着旁边的队友还仅满足于一对一的防守训练规则，缺乏补防意识，使进攻方找到进攻突破口，从而投篮得分。

三是协同意识、封盖意识不足。当对手突破一对一单防或者暂时并未突破，但控球技术较强，需要队友进行协同防守时，一般队员缺乏协同意识，联合协防建立不起来。同时，拼抢意识不到位，认为只要对手投篮脱手，便陷入防守被动，即使再争取，也无回天之力。然而事实并非如此，如果善于发挥身高优势，且有盖帽意识，即使对手已投篮，也可能并不成功，相反，还会给对手造成防守压力。

（二）防守方法亟须完善

受身体发育阶段的影响，高校篮球运动员的踝关节、腿部等身体部位处

于发育期，普遍存在力量不足、耐力不够的问题，主要表现为：一是防守时的身体重心偏高，日常屈膝训练执行不到位；二是手脚协调性不强。相对来讲，"手上"功夫好于"脚下"功夫，这既符合身体的本能反应，也是日常训练方法的体现。这样直接导致三种后果：一是容易造成犯规，给对手机会；二是防守步幅较小，无法获得有利位置，也不能及时紧跟对手；三是身体移动较慢，滑步堵位不积极，往往错失先机，使防守处于被动。

（三）防守的固有攻击性尚待激发

防守的一大目的就是采取各种有利方式最大限度地给对手制造控球压力，使其无法成功投篮。但在比赛中，高校篮球运动员往往防守的精气神不够、主动性不强，缺乏拼杀的攻击性，主要表现在以下几方面。一是堵位意识不够。有时"一防"严密，直逼对手仓促传球，这时运动员顿觉完成了防守使命，在防守紧迫感稍有松懈之时，岂不知对手又把球传到先前已成功防下的进攻方运动员手中，对手趁机取得投篮机会。由此，一防成功，二防失利，导致防守前功尽弃。二是贴身防守意识薄弱，封盖、挡抢意识不足。有的运动员为避免犯规，对贴近对手防守战术深表顾虑，在落实执行方面大打折扣。三是连续防守能力不强。单防紧逼、双防夹击、多防反击、抢断球等能力欠缺，整体攻守转换不连贯，防不胜防，守不成网，防守节奏跟不上。

（四）防守技术的综合运用能力不足

俗话说："养兵千日，用兵一时。"比赛场是对日常训练成效的检阅。攻防之间、防守之中，变化和转换往往在一瞬间。所以作为防守方，无论是防人，还是防球，无论是人盯人，还是协防、局部联防，以及区域防守，高校篮球运动员在比赛中还存在攻击性小、破坏性小的问题，特别是防守方法的综合运用意识和能力更显不足。

四、加强防守的对策和建议

（一）以人为本，锤炼篮球运动员防守的良好素质

良好的素质是抢先进位，取得比赛胜利的关键。一是健壮的身体素质。在日常防守训练中，要在遵循身体发育与成长科学规律的基础上，加强运动员踝关节、腿部的力量训练，使运动员有足够的"脚下"功夫与身体耐力，支撑身体重心的下移，加快防守时身体移动的步伐，以快速抢位断球堵卡。同时，加强运动员骨骼肌的专项训练，大大提升骨骼肌的收缩力，以增强对对手的拦截能力。这里的专项训练内容既包括爆发力，也包括耐力素质，还包括弹跳素质。另外，还应加强运动员的对抗性力量训练，提高贴身防守的意识和能力，在一对一防守中保证不犯规的前提下，最大限度地给对手制造压力。二是强大的心理素质。防守往往比的是信心和耐力，要求运动员有良好的心理素质。首先要有胜不骄败不馁的平和心态。防守本身就是力量与力量的对抗，一防防下来了，不等于对方不配合投篮进球，一防防不下来，也不等于协防不成功，所以运动员要正确对待变化万千的赛场，增强团队合作意识，以团队力量制衡对手进攻，达到以防促攻。其次要有灵活应变的意识。防守怎么防，要防出气势和水平，既要发挥个体力量，更要发挥集体力量，既要从点、位入手，也要从面、区域布局着眼，防要成网成势，守要固若金汤。

（二）内外兼修，打造防守合力

防守二字，防要有方法与技巧，守要有分寸与尺度。唯此，方寸之间，才能固若金汤、坚不可摧。对内，一要加强内部人员的沟通，包括防守策略、方法的运用，达成防守共识，形成防守合力。二要加强内线防守队员的防守配合训练，增大整体防守面积，重点防守内线对手的运球攻击。比如，在防对手有球队员时，要实施贴身防守，有意识地逼迫对手向己方有协防的区域

运球。防对手无球球员时，要正确抢位站位，注重区别强弱侧，对无球强侧，以封锁对方接球为目的，对无球弱侧，以协防己方队员为目的。对外，一要学习国内外包括对手在内的先进的攻防技战术，包括个体防守的点对点压制对手、抢位堵位的脚步移动、断球封盖的技术技巧等。二要加强外围队员的防守训练，发挥区域联防功效，形成内外防守遥相呼应、共同制约对手的局面。特别是面对犯规、比分落后、配合失误、队员情绪出现低落等情况时，要相互鼓励、提振信心、奋起直追。

（三）不拘一格，灵活运用防守技术

赛场瞬息万变，要把握住关键赛段，把控全场比赛结果。在防守技术的运用上，运动员既要谨记日常训练要领，又要秉持赛前防守策略，更要在比赛中根据对手攻防实际，灵活机动地实施防守技术。比如，人盯人战术，如果内线队员对对手的攻击性较弱，外线队员要适时给予协防、补防，或者对重点球位给予重点对位联防和夹击配合，以有效遏制和化解对手的攻防气势，利于己方创造防守反击的机会。又如，如果个体防守侵略性强，达到压制对手的目的的同时，会因防守区域大、犯规次数多，出现顾此失彼的一系列问题，这就需要队员有意识地予以弥补和解决，助推集体防守与个体防守的无缝对接。

防守的目的是遏制对手的进攻，助推己方的反击。高质量的防守是比赛取胜的关键。作为高校篮球队员，只有秉持"大防守"的理念，树立相互配合、相互协作、集体作战的意识，灵活运用防守技战术，才能防对手进攻于帷幄之中，守对手投篮于方寸之间，不断取得比赛新胜利。

五、防守技术的主要内容

篮球防守技术主要包括防守移动、有球球员防守、无球球员防守等几种不同类型的防守方式。

（一）防守移动

防守移动是指运动员在防守中变换位置、方向、速度和正确高度而采用的各种快速、突然的脚步动作，它包括起动、急停、转身、交叉步、变速、变向跑、滑步、攻击步、后撤步等。

防守队员对持球队员的防传球、防投篮、防运球、防突破；对无球球员的防纵切、防横切、防反跑、防溜底、抢断球、抢防守篮板球等技术的运用，无一不是建立在快速多变的防守移动基础之上。防守基础配合和全队防守战术配合尤其是综合多变防守战术的运用，也是以灵活多变的防守移动为基础。运动员的防守移动能力受其身体素质、思想作风、意志品质、防守意识等因素的支配，能否观察判断准确、反应起动及时、脚步移动到位，直接反映出运动员的防守能力、对抗水平和防守风格。提高运动员防守移动技术的关键，在于提高其控制身体重心的平衡能力和提高髋、膝、踝关节转动的灵活性，以及提高运动员的防守意志品质。

（二）有球球员防守

有球球员的防守，是指运动员对持球队员的进攻行为采用干扰、破坏的策略、技巧与方法，它包括防传球、防运球、防突破、防投篮等。目的是封锁其助攻传球，堵截其运球或突破，干扰和破坏其投篮，并积极地抢、打、捅、封、断，以达到控制球权或破坏对手进攻的目的。

在对有球球员防守时，主要的防守内容如下：在防守对手传球时，通过积极阻挠与封锁，不让对手轻易、随便地传球，迫使对手向无攻击威胁的位置传球，创造为同伴防守抢断球的机会；在防守对手运球时，防守目的是堵截其运球路线，不让对手轻易进入"腹地"，迫使对手向边线和场角运球，诱使对手进入"陷阱"，为与同伴防守创造夹击机会；在防守对手突破时，防守的目的是堵截其突破路线，抢占合理位置，不让对手轻易超越自己，迫使对手无法完成习惯性的突破攻击动作，以削弱其攻击力；在防守对手投篮时，防守的目的是干扰和破坏对手的投篮时机与投篮节奏，迫使对手改变习惯的投篮动作，不让对手轻易地投篮出手，并抢占合理位置堵截对手冲抢，为争抢防守篮板球创造位置与机会。

防守有球球员的效果取决于正确的观察与判断，及时了解和掌握对手进攻的技术特点，合理运用快速灵活的防守移动技术，随时抢占有利的防守位置，积极挥动手臂干扰和封锁对手的投篮、传球、运球、手脚配合协调等。

（三）无球球员防守

无球球员防守是指运动员对无球球员的进攻行动与行动路线采用堵截、干扰和破坏的策略、技巧与方法，它包括防纵切、防横切、防背插、防溜底、防反跑等。防守无球球员的目的是要随时切断对手与持球队员的联系，控制和制约对手的行动路线，及时判断对手的位置及与球和球篮的位置关系，观察和判断对手的行动意图、配合方法和习惯的切入路线与技术方式，合理运用防纵切、防横切、防背插、防溜底和防反跑的防守技术，采用有针对性的防守策略与防守方法。

在对无球球员防守时，主要的防守内容为：在防守对手纵切时，防守的目的是堵截对手朝有球区域切入的路线，不让其接球进入禁区腹地，迫使其朝场角移动；在防守对手横切时，防守的目的是破坏对手在有利的攻击区或习惯的攻击位置上接球的机会，不让其轻易获得球权，迫使对手改变其进攻移动的意图；在防守对手背插时，防守的目的是隔断对手与持球队员的联系，阻止对手朝球移动，不让其在禁区周边接球，迫使对手朝外线转移；在防守对手反跑时，防守的目的是封堵对手的移动接球路线，力争抢断和破坏对手的传球；在防守对手溜底时，防守的目的是堵截对手的移动路线，延误对方进攻配合的战机，不让对手在篮下禁区接球投篮，迫使对手朝外线移动。

防守无球球员还要及时果断地进行协防配合，应具备随时补防、关门、夹击和换防的集体防守意识与能力。在篮球比赛中，防守无球球员的人数多、时间长，防守质量的好坏直接影响到全队防守战术的运用效果，对运动员的作风、意识、能力和意志品质提出了更高的要求。

六、防有球球员技术分析

所谓防有球球员，是指对进攻方持球队员的防守，其防守的主要任务是控制和制约持球队员的各种持球进攻行动，包括防突破、防传球、防投篮三个基本防守环节，从防守技术要求上，三个防守环节的技术要素和技术结构是相统一的，防守选位、防守移动、防守中手臂的要求等都要体现出一致性。

（一）防投篮技术

防守投篮的关键是与有球球员的距离与防守队员的反应能力，距离以一臂为最佳。膝盖微曲重心落在前脚掌，随时准备起跳封盖，脚步根据不同位置采用斜步或平步。防守投篮较准的对手时，要分析其投篮的特点和习惯；根据其准备的姿势、持球的位置和视线位置，判断防守对象有没有投篮意图；当对手投篮时要上步封阻，破坏其投篮动作，干扰其出手方向；如果对手跳起投篮，要及时跳起进行封盖。

（二）防突破技术

在训练中除各种基本滑步以外，还要特别重视后撤步、追停步、失位的抢步、防碎步后退步、侧身交叉步（追防）等。尤其注意张手扬臂的习惯和多种步法的组合运用。还要注意提高身体素质，防守意识的培养离不开基本技术，良好的身体素质和全面的技术才是提高防守意识的基础。在训练时每一个动作都有其目的，要根据场上的情况通过感知、模仿、操作等实践活动，各种信息经由处理和储存，以便在实际对抗中产生反射性应对。防守突破能力较强的对手时，要根据其在场上的位置、中枢脚、假动作等采取对策。如对手中枢脚在前面时，可以适当逼近，用同一侧的脚卡住他的中枢脚，使他不能使用交叉步突破；如果对方用同侧步突破时，也很难在对抗中接近篮筐；

如果对手习惯以右手运球突破，经防守时不让对手传球是难以做到的，但重点要防其向篮下传球。

（三）防传球技术

比赛中可以根据传球队员的视线、持球部位分析其传球方向和出球点。防守外线球员时要积极挥动手臂，不停地以合理的手上动作干扰，使传球队员无法及时传球甚至造成传球失误。同时，可以用急上撤步，破坏他的传球意图，使其无法准确做出决断。要掌握"宁横不竖"，宁愿让其横传球，不让其传球到内线，"宁远不近"迫使对方长传、高吊。防守内线持球队员传球时，要做到"宁外不里"，就是对方得到球后，要迫使对方回传给外线队员，不让他有机会给其他内线球员或向其他空切并有机会进行进攻的球员。

在整体的防守中，防守持球队员的只有 1 人，其他 4 人则是处在对无球进攻队员的防守之中，因此可以得出结论：一场比赛中队员更多的时间是进行无球防守。对无球进攻队员的防守核心是任何时候都要阻止和控制攻方队员向最有利进攻的区域移动并接球进攻，这就需要防守无球球员在持球进攻队员与无球球员之间正确选择防守位置，同时随着球员和进攻队员的转移变化及时调整位置，保持人球兼顾的防守主动地位。防空切技术防守无球球员，要做的就是不要给对方跑空位，尽量不要让对方在舒服的位置接球，或者内线卡位的时候，不要让对方太过于接近篮筐下接球。

① 防无球切入。对手切入时，要积极进行堵卡，不能让对手顺利切入。如果对方向篮下切入，可以用身体或手臂合理地挤压，迫使对方绕道变向或失去最佳进攻位置，同时要用手臂在对手与球的方向进行挥动，干扰其接球，使传球队员不敢贸然传球。如果对方进行横切时，必须先堵住对方向前传球的路线，然后堵在切入队的后方达到有效防守，要根据球和自己防守对手所处的位置来确定和调整自己的防守位置。有球的一侧为强侧，无球的一侧为弱侧。当自己防守的对手处在强侧时，因其靠近球，随时都有接到球的可能，所以要全力封锁对手接球，同时又要控制对手向篮下切入。防守队员应

采取错位防守，即站在对手与球篮之间偏向有球的一侧。当自己的防守人在弱侧时，因为距离球比较远，进攻威胁相对比较小，可以适当地偏向有球的一侧或者向篮底下收缩，这样有利于协助队友防守，也可以很好地保护篮板球，但是也要时刻注意无球球员的跑向。

② 协防。防守无球球员并非只是防住自己所面对的无球球员，这只是防无球的职责之一。协防、补防、关门、夹击和破坏掩护是防无球的重要职责。防无球的这些防守职责是构成全队整体防守的重要环节。通常要求防无球球员要防 1.5，防守的 1 是指对自己所防的无球球员的控制，而 0.5 则是指对球的协防。

在防无球球员的过程中，首要原则就是"人、球、区兼顾"，而这种所谓兼顾也就决定了防无球球员的过程中技术上的特殊要求。首先是防守的选位，这种选位是由球的变化及自己所防进攻队员所处的区域来决定的。强侧防无球球员和弱侧防无球球员都是严格按照错位防守的原则选位。强侧防守无球球员的选位是主动向有球一侧和篮下略微移动，保持面对人（无球进攻队员）、侧对球（持球进攻队员）的选位，靠近持球队员一侧的腿在上位，同时靠近球一侧的手臂要伸出，保持在传球路线上，这样一种防守选位既可以控制无球球员的切入、切断无球球员和持球队员之间的联系，同时，也可以对持球队员的突破进行协防和关门。

③ 破坏掩护。进攻是一种整体行为，掩护是这种整体行为中的重要内容，也就是篮球理论中所说的配合形式。掩护是构成进攻整体战术的重要配合形式之一。防守对于进攻的制约和控制中破坏掩护也是重要的环节，破坏掩护是防无球球员的重要职责之一，在有效控制好自己所防的无球进攻队员的同时，对于进攻队员之间的各种掩护配合要进行积极主动的干扰、破坏。破坏掩护的技术主要还是体现在主动地卡堵进攻队员之间的掩护路线，合理运用身体挤、顶，对掩护的角度和位置进行主动的破坏，最大限度地干扰和影响掩护的质量，使得掩护不能够达到应有的效果或彻底破坏掩护行动。在对各种掩护配合的控制和破坏中有一些专门的配合技术，包括挤过、穿过、

绕过及换防，这些控制和破坏研究的行动既是配合，同时又是个人防守技术的运用，称之为专门的防守配合技术。在准确运用各种防守基本技术的基础上还蕴含着特殊的技术要求。

（四）关于防守意识的理解和认识

意识是对物质和客观现象的反映，篮球运动中所谓意识是指运动员对于篮球运动攻守规律的一种认识和理解。篮球意识是运动员在多年系统训练和比赛基础之上逐步形成和建立起来的。同时，防守和进攻是篮球运动的基本矛盾，攻守之间是一种既相互对抗又相互依存、既相互制约又相互联系的辩证关系，是矛盾双方的较量和斗争，是篮球比赛赖以构成的基本前提，攻守矛盾的不断较量和对抗是篮球运动不断发展的基本动力，也是篮球运动之所以充满魅力的根本所在。

防守地位和意义的认识是防守意识的核心。攻守对抗决定了篮球运动的存在和发展，作为篮球运动员，必须是攻守兼备才有可能立足于比赛，防守的地位和意义的认识是运动员首先要具备的基本意识，篮球运动不是单纯比进攻，任何重攻轻守的思维都是不可能成为优秀运动员的，对防守地位和意义的认识是衡量一名篮球运动员防守意识好坏的核心标志。具有强烈防守意识的队员，在比赛中才有可能体现出积极主动、坚忍顽强的防守行为。所以，对于防守重要地位和意义的认识，在防守意识概念中是核心。

防守意识是一种对篮球运动攻守规律的综合认识和理解。没有进攻，防守无从谈起，所以认识和分析防守意识必须将攻守的矛盾统一在一个层面上去认识和理解。防守意识不是一种孤立的概念，防守意识的建立和形成，首先要对进攻有全面深刻的认识，包括对各种进攻技术、进攻战术的运用，以及对运用中各种变化规律的认识，了解和认识进攻才有可能明确如何去控制和制约进攻，没有对于进攻技术、战术规律的深刻认识，防守势必是盲目和被动的，所以防守意识的首要内涵是对进攻的认识；其次必须清楚不同的进攻行为应该采取不同的有针对性的防守策略和技术战术，这是防守意识第二层次的内涵。也就是说，面对进攻的各种行动，防守必须十分明确自己应该干什么、怎样的防守行动才是最合理的，这是防守意识的具体体现。所以防守意识是一个综合的概念，是建立在对进攻和防守技术战术综合理解的基础上的一种反映和认识。

防守能力是技术和意识的统一，两者有机统一，才能真正建构起一名队员的战术防守能力，技术是控制和制约进攻的基础，而意识则是指导和支配防守技术的准确合理运用。技术的运用规律概括和抽象为意识，意识又决定着技术运用的准确性和合理性。防守技术是基础，防守意识是灵魂。

随着篮球运动的发展，攻守对抗的激烈程度也在不断增强，防守综合能力的提高，防守队员进攻的控制制约力度越来越强，不论什么层次的队伍，要想整体提升水平，首先要使防守综合能力得到强化，没有严谨周密、强硬坚韧的防守体系，要想在比赛中赢得主动、获取胜利是不可能的。研究剖析现代篮球防守技术、认识防守意识的内在本质，形成对于防守的完善系统的理性认识，对于不同层次队伍的防守训练有着非常重要的实践意义。

在传统防守理论的基础上，深入探索和分析现代篮球防守的发展和变化，从中发现和总结防守技术和防守意识中的变化特点和变化规律，创新现代篮球防守理论，对篮球理论研究而言也是一项重要的工作。

（五）篮球中锋防守技术

许多教练在篮球训练的方式上不断摸索，一段时期内重视防守胜于进攻，之后又重视进攻胜于防守。在篮球规则不断修改的当下，世界各国的强队在篮球打法和风格上越来越趋向于进攻。而一次成功的防守，巧妙地瓦解对手的一次进攻战术，往往成为决定比赛胜负的关键。因此，不论是现在还是将来，防守永远是篮球场上争夺比赛胜利的关键，培养队员良好的防守意识、优秀的防守技术永远是每支球队艰巨而漫长的任务。

笔者根据相关资料，结合自己的一些观点和看法，对中锋防守技术如何进一步提升进行了分析与研究，总结出了几项有关中锋防守技术的原则。希望能为众多一线体育教师在运动员培养方面提供一些借鉴和帮助。

1. 何谓中锋防守技术原则

篮球比赛场上，中锋队员在防守过程中所表现出来的各种动作、行为称为中锋防守技术。中锋防守技术是运动员在教学、训练、比赛等实践活动中产生并逐步形成的。在防守技术形成一系列系统化、规范化的技术动作过程中，防守原则也就相应地产生了。具体来说，防守技术原理是指中心球员长期处于防守位置的一些有效的技术动作和方法合理有效运用的总和，对运动员临场比赛具有指导思维、实施战术行动的作用。

2. 中锋防守原则的建立

（1）必须具备极好的防守体力。强壮的身体条件是一个优秀防守队员必须具备的基本条件。对一个体形高大的中锋队员来说，无论是进攻还是防守，体力的消耗要远大于一般队员，这是由中锋防守位置决定的。在限制区内不仅中锋队员之间的对抗相当激烈，而且防守者也需要频繁地封堵、补防、卡位、抢篮板等，因此对防守队员体力的要求就相当高了。

常规情况下，运动员的体力和防守能力存在极大的关联。倘若在几分钟大强度防守后，队员就变得筋疲力尽，即便他还有很强的防守欲望和很高的防守积极性，也将无济于事。篮球运动员在体力下降的情况下，容易出现注意力不集中、反应迟钝、肢体配合紊乱、容易犯规等情况，防守队员体力差势必造成全队防守效率的大大降低。

要解决防守体力问题通常没有捷径，只有通过严格的身体素质训练，才可能在赛场上保持旺盛的体力，才有可能挡住对手强有力的攻势，最终赢得比赛的胜利。

（2）充分的赛前侦察工作。在篮球比赛中认清对手、了解对手，掌握对手在比赛中的各种技术动作和战术意图也是极为关键的。由于各种因素的影响，赛前侦察工作的开展难度较大，而且工作量也很大。教练员和运动员应尽量抓住现场侦察对手与其他队比赛的机会，进行分析讨论。或者利用现场实况录像进行有针对性地观察、分析、研究、讨论。掌握对手在对方全队中所起的作用，然后制定好应对措施，并反复练习、磨合。在进行充分的准备工作以后，防守者才不至于在上场后手忙脚乱，并且能根据预先的安排，采用合理的技术动作，做到先发制人，合理压制对方的进攻节奏，在赛场上占据主动权，大大提高获取比赛胜利的可能性。

（3）保持正确的防守身体姿势。在篮球比赛中，运动员身体对抗激烈，特别是在高大中锋队员之间。谁能在比赛中抢占有利位置，更好地控制自身平衡，谁就能控制对手、控制比赛。因此，防守者在赛场上保持怎样的身体姿势就显得尤为重要。中锋防守队员应在掌握身体平衡和灵活移动的情况下采用最宽的身体站立姿势，适时地把全身的重量均衡地分布在两脚上。当防守者在限制区附近防守对方无球球员时，应使身体尽量贴紧对手，并用脚限制对手的移动范围。为干扰中锋队员在篮下轻松接球，防守者的手臂应尽量前伸，并不停地挥动，以干扰对手的视线，伺机断球。

防守者在运用后撤步、侧滑步、上步、转身等技术动作时，要注意控制好自己的重心。在对手做出假动作时，不可以轻易起跳或侧滑而失去重心。防守者不仅要时时警惕对手的身体变化，还要时时注意自己的身体姿势是否能够随时向各个方向移动、补防、封盖等。保持正确的身体姿势是打好防守的基础，也是关键，只有在赛场上始终保持良好的身体防守姿势，才能有效地控制对手，从而控制整个比赛。

（4）中锋防守的占位原则。比赛中，进攻时中锋一旦在禁区内，往往会给防守端的中锋、前锋、后卫造成很大的压力。因此，为有效阻止对方中锋队员在限制区得到球，防守者防守时站位的选择就显得尤为重要。当对方中锋抢占了靠近篮下的位置，球传到中锋前面或防守弱侧的情况下，要想在中锋后面堵截传给中锋的球，那是相当困难的。因此，防守者需要尝试进行绕前防守，绕到有球侧并紧贴对手，时时注意对手的移动方向。在绕前防守时，防守者不能静止不动，应不停地在中锋前后及有球侧移动，使进攻者很难掌握好传球和高吊的机会。当对方队员投篮出手后，要抢占对手与篮筐之间的位置，用脚步和身体动作卡住对手身体，缩小其跳起抢篮板球的范围。

当对方中锋队员在罚球线距离拿到球后，防守者应与其保持一步距离，以更好地监视对手传球或突破的方向，当对手跳起投篮或传球时，也能有足够的起跳距离，并能与同伴协同封盖或抢断球。假如对方中锋在篮下得到球，防守者要占据其后面的位置，并且要逼近对手，迫使他远离球篮，最好能使对手在紧逼的情况匆忙投篮或传球。

（5）瞬时判断，积极行动原则。篮球场上瞬息万变，防守者必须始终保持清醒的头脑和高度的警惕性，集中注意力分析对手的技术动作和战术安排，快速、准确、及时地做出判断。运动员的快速判断能力取决于他对对手的了解程度，以及平时比赛经验的积累和对场上特殊情况的应变能力。

在赛场上表现为干扰对手视线、抢断球、卡位、封堵及同对手积极的身体对抗。防守者必须在场上不停地移动双脚和挥舞双臂，造成对手生理和心理上的巨大压力，不能让其有丝毫喘息的机会。同样，防守者在场上也不可以有丝毫的懈怠，突破时要快速封堵，对手传球时要尽可能地抢断，对手投篮时要积极地跳起盖帽。

（6）中锋防守的团队协作原则。众所周知，篮球是一项集体对抗的比赛项目，在防守中要更加重视集体协作防守的力量。中锋的防守需要充分体现团队协作的原则，以保护篮筐、阻挡对手进攻为目标，实现整体防守的高效性。中锋防守时的团队协作原则包括五个方面：第一，沟通是中锋防守的基础。在球场上，有效的沟通是确保团队协作的前提。中锋需要不断与队友交流，提供信息，指挥防线。通过清晰的沟通，中锋可以帮助队友更好地理解对手的动向，协同作战，形成紧密的整体防线。第二，中锋需要具备协调防守的能力。中锋通常负责保护篮筐，但篮球比赛是一个动态的过程，对手可能会有快速的变化和突破。因此，中锋需要时刻调整防守位置，与其他防守球员协同合作，形成一个密不透风的防守阵型。这要求中锋有较强的协调能力，能够灵活地适应比赛的变化。第三，中锋需要有出色的团队意识。防守不仅是中锋一个人的事情，还需要整个团队的协同作战。中锋要时刻关注队友的位置和动向，做出及时的支援和帮助。在对手发起进攻时，中锋可以通过协同防守，制造对手的进攻空当，降低对方得分的可能性。第四，中锋与其他防守球员之间需要建立起深厚的信任关系。中锋需要相信队友能够履行自己的职责，而队友也需要相信中锋在关键时刻能够发挥出色的防守能力。通过建立互信，团队的协作水平将得到有效提升。第五，中锋防守需要具备适应性。对手的进攻策略多种多样，中锋需要具备适应不同对手的能力。这包括对不同球员的防守方式、防守战术的灵活运用等。中锋需要在比赛中不断调整自己的防守策略，以应对对手的变化，确保整个团队的防守体系更加稳固。总的来说，中锋在防守端的表现直接关系到球队的整体防守水平。通过良好的沟通、协调、团队意识、互信和适应性，中锋能够更好地发挥自己在防守端的作用，为球队取得胜利贡献力量。这些团队协作的原则不仅适用于中锋，也适用于整个篮球队伍。

（7）中锋防守的攻击性原则。压迫式防守是指利用防守技术手段，打乱对方节奏，破坏对方技战术配合，造成对方失误和违例的增多，从而增加本队获得球权的次数。篮球发展至今，其凶猛的强度变得更加明显，主要表现在争夺攻防对抗上。防守的压迫性是为了更加有效地遏制住对手凶猛的攻击，同时为自己创造出更多的进攻条件。

实现压迫性防守，首先，要明确"防守就是进攻的开始""应该猛守不攻"；其次，培养学生极强的执行力。这主要表现在比赛场上：勇于想办法接近对手，不怕摔了他的胳膊，不怕打到手臂，大腿顶也不害怕。堵漏突破人的时候，对手的勇气透露出自己的身体不怕遭受打击；抢到防守篮球的时候，要敢于去挤位，与对手周旋到底，视情节冲突，要善于快速跳转、跳高等。压迫性防守并没有一个特定的模式，需要场上的防守队员根据场上实际情况进行因地制宜的灵活运用。

（8）防守的规则性原则。篮球规则是基于篮球比赛的，无论是进攻还是防守，必须在规则所允许的条件下攻防兼备作战。因此，在防守技术动作的培养过程中，必须遵循规则的许可性和特殊性，有意识、有目的地进行训练，提高防守技、战术能力，从而使运动员的防守能力更具合理性、有效性。

中锋队员在篮下防守，队员间的身体接触就显得越加频繁、激烈。因此中锋防守队员更应吃透篮球规则的精神，合理运用规则为自己创造有利的条件。例如，当对方的中锋队员在本方限制区内时，防守者要大胆地向其逼近，和他在限制区内碾磨，以造成对方三秒违例。当对方队员持球快速向篮下突破时，防守者要及时抢占突破路线，并把胸部亮给对手，造成对方匆忙躲避或带球撞人。防守队员要认真理解规则，让规则为自己服务，而不是束缚自己的手脚。

（9）树立起坚定的防守信心。人盯人的防守是头对头、手对手、脚对脚的一种搏斗。防守者必须具备足够的信心成为一名优秀防守者。当然这种信心并非来自防守者对对手的轻视与不屑一顾，而是一种如临大敌、全神贯注的精神状态。这种信心在训练场上表现为运动员忘我的刻苦训练，在赛场上表现为运动员强烈的防守欲望。防守者在连续的攻守转换中，在与对手一次次碰撞中总想抓住每一次控球的机会，敢于冒险、敢于牺牲自我。必要时会飞身抢篮板、倒地断球，努力去做每一件细小而有意义的事。这些都是运动员信心的一种体现。

中锋队员在场上的防守任务重、责任大，是场上防守的核心人物。因此，中锋队员必须有足够的信心防住对方篮下凶猛的进攻，要具备不肯向对手低头、永不言败的坚强性格。自信心是一种微妙的东西，它会在赛场上相互传染，可以鼓舞队友、振作士气。充满信心地去防守你的对手，你将很快地成为一个优秀的防守者，中锋队员要谨记这一点。

第七节　抢篮板球技术

篮板球是攻防转换的枢纽，是控制比赛节奏的关键。本节对争夺篮板球的问题进行探讨，旨在提高学生的抢篮板球技术，使他们更好地掌握篮球技术，并在篮球运动中享受快乐。

一、研究抢篮板球技术的必要性

（一）抢篮板球是获得球权的主要手段

在很多比赛中，抢篮板球次数比投篮命中率（或总投篮次数）对比赛胜负影响更大，即现代篮球运动把争夺篮板球作为获得控制球权、争取主动的基本依据，作为个人和全队实力的主要标志之一。如果进攻时抢篮板球占优势，不仅可以增加进攻次数和篮下得分的机会，而且可以增强外线中投的信心且减少对方发动快攻的机会。防守时抢篮板球占优势，不仅可以中断对方连续进攻，造成对方外线中投的心理压力，而且能为本队发动快攻创造更多的机会。因此，一个球队抢篮板球技术掌握得好坏，对比赛的主动与被动、胜利与失败起着很重要的作用。

（二）现代篮球运动发展的需要

比赛速度是篮球运动的精髓，是取胜的锐利武器，投篮与争抢篮板球的次数也随之增加。统计分析表明：在篮球比赛的常规技术统计指标中，强队与弱队区别最大的指标就是获得篮板球的多少。一场篮球比赛中出手投篮次数都在 100 次左右，命中率一般不到 50%。也就是说，出手投篮后超过一半的控球机会要通过争夺篮板球来获得。

（三）我国篮球队与世界强队抢篮板球的意识和能力差距大

强队的篮板球能力不会弱，而弱队的篮板球能力也不会强，这是人人皆知的事实。目前，当我国篮球队正在努力缩小与世界强队的差距，走向世界、力争成为世界强队时，把提高篮板球争夺的技术水平及理论研究当作一个重要的问题去解决，具有重要的现实意义。

二、运用的基础

（一）强烈的拼抢意识，观察预测准确

争抢篮板球时，身高、弹跳、技术熟练是重要因素。但是，运动员勇猛顽强的作风和强烈的拼抢篮板球欲望，以及对球的反弹方向和落点及时准确地预测，在比赛中具有更重要的作用。对比赛中的每一次投篮，都要做好争抢篮板球的思想准备，做到有投必抢，养成良好的习惯，增强抢篮板球的欲望和意识，才能取得主动权。熟悉掌握篮板球反弹方向的基本规律，根据投篮的位置、距离、角度、弧度、篮圈、篮板和球的弹力，准确预测投篮不中球反弹后的方向和落点，及时抢占有利位置，是抢得篮板球的有力保证。

（二）主动、先动抢占空间位置

当对手投篮时，要抢先在原地挡住自己的防守对手，然后根据判断，向球反弹后的落点方向和可能的落点处移动。当同伴投篮时，要积极地用前、后转身或快速的脚步动作摆脱对手的挡人、挤占位置，及早地压住对手。无论是争抢防守篮板球或进攻篮板球，要尽力贴牢和挤住对手，先于对手起跳，迫使对手跳不起来或起跳稍晚，从而更有利于抢占空间位置，控制篮圈的空间。

（三）抓球凶狠，向下拉球快而有力

当跳起在空中用充分伸展手臂的手接触到球时，尽可能快而凶狠地向下拉球，充分发挥抢篮板球的技术动作力量，将球拉到头上或前胸部位，动作要简练，速度要快，力量要大，要有气势。在抢得防守篮板球向下快速拉球落地的同时，空中半转身落地侧对前场，以利于快速衔接一传或其他进攻动作。

（四）配合战术组织

抢篮板球技术已成为攻守战术不可缺少的一个重要组成部分。争抢篮板球不但要有良好的意识和个人拼抢能力，而且利用集体配合进行拼抢，要有组织、有目的、分工明确地加强对篮板球的争夺和控制能力，做到投抢结合、有投有抢、有挡有抢、抢挡结合。

三、运用的具体分析

（一）抢先占位

这是争抢篮板球技术的关键环节，它对能否抢到篮板球起着极其重要的作用。抢防守篮板球，要力争抢先占据对手与篮板之间的位置，把对手挡在自己身后，要做到即使抢不到内线位置，也要抢占对方的侧面，争取起跳时调整到有利位置，为拼抢创造条件。例如，被对方挡在身后，可利用身体接触或跳起后的动作，抢对手在头上的空间球。抢进攻篮板球时，首先要利用突然的脚步移动和假动作，摆脱防守队员的挡位而挤向篮下。抢占有利位置一定要考虑球的反弹规律，要根据观察和经验预测球的落点，运用快速的脚步动作，合理地运用转身动作，挤压对手，力争捷足先登、适时起跳。

（二）及时起跳

抢先占据有利的位置后，要注意保持正确的起跳准备姿势，及时起跳，充分伸展，扩大制空范围。起跳前两腿微曲，上体稍前倾，两臂高举过头，眼睛注视球，根据判断球反弹的方向、高度和落点，采取不同的起跳蹬地用力的方向，或者通过脚步动作的调整，两脚用力蹬地提腰，两臂用力上摆，超前于对手起跳，手臂向上充分伸展，力争在最高点使球和手相遇。

（三）抢球动作

跳到最高点时，身体和手臂要充分伸展，控制制高点，扩大制空范围，五指分开，用力抓球并将球握牢，腰腹用力，迅速凶狠地将球拉到胸前或头前部位，保护好球。根据攻守双方所处位置，抢获球的可能性和球的落点，在抓获球时可以用双手、单手和点拨球三种方法。双手抢篮板球的制高点比单手抢球低 5～10 厘米，但是这种方法握球牢稳，不易被打掉，有利于维持身体平衡，便于迅速衔接下一动作。单手抢篮板球在空间向一侧伸展范围较大，如果队员左右手都能够单手抢篮板球，就能在自己周围的各个方向上增大抢球的机会。当处于对手背后或侧面的不利位置时，可采用这种方法。抢篮板球处于不利位置或高度稍差于对方时，为了提高触球高度，可多采用点拨球的方法将球点拨给同伴，或用手指将球挑拨到便于自己获球的位置，也可以主动地、有计划地利用点拨球的方法，缩短传球的时间，加快一传的速度。

（四）获球后的动作

防守中抢到篮板球，要在空中半转身侧对前场，最好在空中直接传给同伴发动快攻。得球后一般要双脚落地，先使前脚掌触及地面，同时屈膝，两脚平衡开立，两肘侧张，双手紧握球，将球置于胸前或头侧。为了保护球，应将球放在远离对手的一侧，并加强攻击立即传球或突破。

篮板球技术是篮球活动中关键的技术环节，是进攻和防守的枢纽，控制好篮板球，基本上就掌握了比赛场上的主动权，为最后的胜利奠定了基础。篮板球是比赛双方争夺的焦点，只有控制好了篮板球，才能有效地执行技战术。因此，在篮球教学过程当中，学生要积极抢位、正确判断，把篮板球这项关键技术学习好、掌握好，并应用到比赛当中。

四、抢篮板球技术分析

抢篮板球技术是一项较为复杂的组合动作，要想成为优秀的抢篮板球能手，运动员必须具备以下素质。

（一）篮板球意识

篮球比赛的对抗性、应变性等特点决定了运动员在争夺篮板球时，不仅要有熟练的抢篮板球的技术，还要有应对各种复杂情况的应变经验，能根据不同情况迅速做出正确判断，及时合理地运用抢篮板球技术动作，这种根据抢篮板球规律和特点而产生的对抗篮板球的感知及其一系列思维过程，就是抢篮板球的意识。存在决定意识，意识又反作用于存在。显然，出现争抢篮板球的机会时，身处有利争夺区域的运动员采取观望态度是争抢篮板球意识不强的反应。美国职业篮球教练雷·乔治认为，抢篮板球 75%取决于愿望，25%取决于能力。可见培养强烈的争抢意识对提高争抢篮板球能力的作用。

有身高就拥有抢篮板球的优势，但身高却不是唯一的衡量因素。在运动员中，我国球员姚明的身高是比较高的，拥有得天独厚的条件，但在 NBA 激烈的赛场中，他的篮板球数据并不突出，虽然他本人在身体力量方面或许有些欠缺，但从某种程度上也反映出我国篮球运动员抢篮板球的意识与世界优秀运动员之间还存在着较大的差距。

（二）勇猛顽强的作风

现代篮球运动员发生身体接触已是司空见惯的事，尤其是在抢篮板球时，身体碰撞更是频繁而激烈。不敢与对手进行激烈的身体对抗，任由对手随意抢位，就等于把抢篮板球的有利位置和主动权让给了对手，使对手获得抢篮板球的优势。"两强相遇勇者胜"，敢抢敢拼才是抢篮板球的硬道理，所以必须树立勇猛、顽强、敢抢敢拼的作风，做到勇而不乱、每球必抢、有球必争。

（三）篮板球反弹的规律

熟练掌握篮板球反弹的基本规律，是迅速做出准确判断，快速及早抢占有利位置的前提。篮板球反弹的方向与投篮距离、角度、篮圈、篮板与球的弹力有密切的关系。一般情况下，投篮的距离、投篮的弧度和球反弹的距离成正比：投篮距离近，则球反弹的距离近；投篮的弧度大，则球反弹高。投篮角度对反弹方向的影响一般有三种情况：在 45° 角投篮时，大多数球弹向对侧 45° 角左右或反弹回同侧地区；在 0° 角投篮时，部分弹向对侧 0° 角，部分反弹回同一地区或中间地带；在中间地带投篮时，绝大多数落在篮下正面。

（四）掌握挡人和冲抢动作，抢占有利位置

当投篮出手时，应力争抢占有利位置，把对手挡在身后。防守篮板球的抢位要突出一个"挡"字。当对手投篮后，准确判断进攻对手向篮下冲抢的路线，并用身体合理挡住冲抢路线，把进攻队员挡在身后，同时伸出双臂增加挡人面积，防止对手挤进来。抢进攻篮板球时要突出一个"冲"字。当同伴或自己投篮时，球在空中飞行时就要及时做出判断，判断球可能的反弹方向，利用快速跑动或闪晃假动作，绕过防守队员抢占有利位置，占据篮圈与防守人之间的位置。如果外线进攻队员冲抢时被防守队员阻截，就要及时改变方向，利用面对篮圈时便于判断的有利条件，迅速绕步抢占有利位置，或运用上体虚晃的假动作变速变向跑，摆脱防守队员的阻截，冲向篮下抢篮板球或补篮。

（五）及时起跳

及时起跳是在最高点抢到篮板球的关键。在起跳前应两腿弯曲，眼睛注视球，判断球的反弹方向、高度和落点。起跳时，两腿用力蹬地，手臂向上充分伸展，尽力跳至最高点去拼抢篮板球。起跳的步伐有原地上步、撤步、跨步的双脚起跳或单脚起跳。

（六）落地后的动作

在起跳抢球过程中，抢到球后必须把球握牢，否则极容易得而复失。因此在指尖触球后，应腰腹用力，屈指屈腕，回收手臂，拉球于腹前，双脚同时落地，屈膝降重心，保持身体平衡。抢篮板球时可运用双手抢篮板球、单

手抢篮板球和点拨球三种方法。双手抢篮板球握球牢固，但制高点和控制球的范围不及单手；单手抢篮板球的优点是接球点高，控制球范围大，缺点是不如双手抢球牢固；点拨球优点是触球点高，缺点是准确性比较难掌握。运动员要善于根据场上具体的情况选择不同的抢球方法。

进攻中抢到篮板球后，一般应直接补篮，或进行二次投篮，或运球、传球；防守中抢到篮板球后，一般应快速传球或运球突破。

五、抢篮板球的训练

在理论上理解了拼抢篮板球的技术动作后，就要进行刻苦的训练，在实践中强化这些技术动作。拼抢篮板球的训练包括心理训练和技术训练。

（一）心理训练

抢篮板球的心理训练主要是培养运动员的意志和拼抢意识。在训练中潜移默化地进行熏陶，坚持反复刺激（教练员可用语言反复强调）强化，直接使运动员有正确的反射性行动，而这种意识的渗透性刺激对运动员来说往往是不知不觉的，就是在这种不知不觉中，点点滴滴的意识慢慢积累起来，从不自觉到自觉地行动，从必然转变为自然，逐渐形成一种正确的潜意识。

所谓意志，就是运动员自觉明确目的，调节行动，克服各种困难而实现目的的心理过程。训练可规定单位时间内必须抢到多少数量的篮板球，或在疲劳的状态下完成一定指标的攻守篮板球练习，或用比赛的方法进行攻守人数不同的训练，双方人数不等，要求双方达到预定争抢的次数。在各种条件下进行训练，提高运动员的适应能力，培养运动员的顽强的性格和坚忍的毅力。

（二）技术训练

拼抢篮板球技术的训练包括完整技术动作训练与战术配合训练。

1. 拼抢技术训练

从拼抢篮板球的技术过程来看,拼抢篮板球的技术必须具有灵活的脚步移动。要学会前后转身、虚晃绕前步抢位、后撤步后转身抢位等脚步移动。脚步移动的练习要注意保持身体的平衡,略降低身体的重心,前后转身的步幅不宜太大,但速度要快,动作要有力量。在练习时除原地前后左右转身练习外,还要做上步、后撤步、左右移动后的前后转身练习。在对抗性练习中,可加强提高脚步移动的速度、灵活性等专项素质的练习,如连续跳起摸篮板20 次、反复跑动跳起摸篮板等,以增强腿部力量,提高跳起的速率与第二次跳起的速度。

在掌握了抢位动作后,手对球的感应与控制能力是关键。手对球的控制能力练习,例如,左手向上方抛球,右手臂向头上方伸直,当右手指触球时,迅速屈指屈腕将球拉回腹部,然后右手抛球左手接;单、双手托球碰篮板练习,在篮下持球连续跳起,在空中用单手或双手托球碰篮板连续20 次,最后一次要求单手或双手在空中将球补入篮筐,要求练习时,跳到最高点接球打板(可单手或双手),打板点要准确,力量要适中,手臂伸直,指腕用力。

2. 配合训练

运动员仅依靠个人的身体条件、意识、技术是难以在篮板球冲抢中处于优势地位的,只有运用战术配合的方式,依靠集体的力量和智慧,形成一个有机的整体,充分利用挡人抢板,才能使个人能力得到充分发挥。抢篮板球挡人的策略有三点。

第一,用本队个子不高的队员挡住对方身材高大的队员,以此减弱对方高大队员抢篮板球的优势。

第二,用本队抢篮板球一般的队员去挡住对方抢篮板球能力最强的队员。

第三,控制对方处于有利位置的队员,使对方失去抢球的机会或行动受到干扰。

　　具体训练方法有内挡外抢的配合、外挡内抢的配合、内点外抢的配合、左挡右抢及右挡左抢的配合。

　　结合其他技术的训练，巩固和提高篮板球完整技术的动作质量，学会并掌握抢篮板球衔接技术动作，结合运、传、投技术，结合具体的战术，提高抢篮板球的运用能力。这类训练要求防守队员在抢获篮板球后能在最短时间将球传出，如一传不能传出，应迅速运球，突破防守寻找接应者，为反击赢得更多的时间和机会；进攻队员抢获篮板球可在空中补篮，也可将球拿下寻机起跳投篮。

第七章　高校篮球战术教学与训练

篮球战术是在比赛中队员之间有策略、有组织、有意识地协同运用技术进行攻守对抗的布阵行动，是以篮球技术为基础，在战术指导思想和战术意识支配下的集体攻守方法。篮球战术的核心包含了人、球移动的路线，技术方法的选择与组合，动作时间与攻击区等具体内容，从而表现在队员的个人攻守行动、队员间的配合行动及全队队员的整体行动配合上。

篮球战术教学与训练是篮球专项课程的重要组成部分，是为篮球比赛进行战术准备过程，其目的是使之在比赛中能有效和有组织地进行攻守对抗，争取比赛的胜利。

第一节　战术基础配合

篮球战术基础配合是全队战术的基础。在比赛中，攻守双方为了在对抗中达到制约和战胜对方的目的，都要采用各种不同形式的全队战术行动，而这些全队攻守战术都是由一系列不同形式的战术基础配合的集合所构建的。有专家指出"如果把全队战术比喻成一张网的话，战术基础配合就是这张网上的各个结合点"。战术基础配合也是技术与战术相互联系的纽带，是技术运用的重要组织形式。在比赛中，许多攻防技术的组合和运用都是以战术基础配合的形式来体现的。

因此，在篮球课中，加强篮球战术基础配合的教学与训练，不仅有利于学生更好地学习与掌握各种全队配合战术，同时对提高学生的篮球意识与战术素养，发展学生机动灵活的攻防能力具有重要的意义。篮球战术基础配合包括进攻战术基础配合和防守战术基础配合两个部分。

一、进攻战术基础配合

进攻基础配合是全队整体进攻体系的重要组成部分，也是构成全队进攻战术配合的基础与基本内容。只有熟练、全面地掌握各种进攻战术基础配合，才能更好地学习与掌握、运用各种形式的全队战术方法。

（一）进攻战术基础配合的概述

进攻战术基础配合是进攻队员两三人之间为了创造攻击机会，合理地运用各种进攻技术在局部区域而组成的配合方法。

进攻基础配合可分为传切、策应、掩护和突分四种。这些配合方法的运用，在比赛中具有双重功能，它们既可作为独立的战术手段在比赛中随机地运用在进攻过程中，同时也可作为全队整体进攻战术构成的基本要素，在进攻中具有重要的特殊地位。这些配合方法既可以在两后卫队员之间或两前锋队员之间进行，也可以在前锋与后卫、前锋或后卫与中锋之间进行配合。在运用中具有发动突然、方法简练、不限区域、配合时间短、灵活机动的特点。但由于结构简单，就某一单个配合方法来讲，配合中的变化相对有限，因此，全面掌握各种进攻战术基础配合方法，把它们有机地结合起来运用，才能最大限度地发挥进攻战术基础配合的作用。

进攻基础配合一般是由两三名进攻队员参与组织的。从配合形式来看，往往是由持球队员与一两名无球进攻队员之间不同技术运用的具体过程所构成，也可在无球队员之间组织进行（如无球队员之间的掩护配合）。其配合的实质，可以说是持球队员的技术运用与无球队员的技术运用的组合，通过这种组合去创造或寻求攻击的机会。

由于进攻战术基础配合是进攻队员在比赛过程中瞬间捕捉或利用出现的进攻机会的一种随机进攻行为，进攻基础配合的运用在很大程度上与队员对运用时机的准确把握相关。

进攻基础配合运用时机的把握、运用的效果，取决于运动员的意识和个人的技术能力，以及对时间和空间关系的准确把握。现代篮球比赛由于防守的积极性、攻击性、贴身紧逼能力的不断加强，在进攻中，单纯依靠个人能力摆脱对手，接球或展开攻击是十分困难的，在很多时候必须借助同伴的协助寻找机会，同伴间的协作配合尤为重要。所以说，进攻基础配合的熟练运用也是进攻队员战术素养、配合能力、临场应变技艺的综合体现，而且对培养队员的配合意识、移动摆脱技巧、战术思维习惯、保证个人特长和全队技战术特点的发挥也有重要的意义。

（二）进攻战术基础配合的教学

1. 教学建议

（1）战术基础配合的教学，应安排在攻守技术教学之后进行。在教学中，应先组织进攻战术基础配合的教学。在复习进攻基础配合内容的同时，组织防守基础配合内容的学习，使防守战术基础配合的教学更具有针对性，为学习全队整体战术配合打好基础。

（2）组织进攻基础配合的教学时，应遵循战术教学的步骤，首先通过讲解与示范，使学生了解配合的概念、运用时机、配合方法和要求。重点分析配合时机的捕捉和利用、配合条件的选择、队员之间配合动作的协同、应变等。使学生建立战术配合的完整概念，再通过练习掌握配合的人、球移动路线、配合时间等配合方法。在此基础上进一步学习配合的变化，以及在对抗与比赛情况下提高配合的运用能力。

（3）进攻基础配合的教学顺序应是：先教传切配合，再教突分配合，后教掩护配合，最后教策应配合。在进行传切配合时，应先教纵切，后教横切；

策应配合先教二人配合，再教三人配合。掩护配合的教学顺序为：先教无球队员之间的掩护，再教无球与有球队员之间的掩护；先教原地掩护，后教行进间掩护。

（4）在教学中应抓住重点内容进行改进提高，以点带面。传切配合应强调如何摆脱对手及传球技术的运用，重点抓正面（纵切）和侧面（横切）的配合。突分配合重点掌握突破分球的时机、传球方法及切入队员的路线。掩护配合中应重点抓侧掩护配合，强调掩护动作、位置、距离、角度等因素，以及掩护后转身和移动路线。策应配合重点抓中锋的策应配合，强调中锋策应技术的运用及外线队员与中锋的配合方法。

（5）在进行练习时，应遵循从易到难、从简到繁的训练原则。例如，学习掩护时，先教给持球同伴去做侧掩护，再教给不持球同伴的掩护和运球中掩护。逐步增加对抗性的练习，在掌握基本的配合方法之后，以巩固提高配合质量与配合效果。

（6）在教学训练中加强教学管理，对每个细节都应严格要求，重视学生配合意识的培养，强调配合时机、注重配合质量与配合效果，以提高学生的战术素养和战术意识。

2. 教学组织

进攻战术基础配合的教学内容主要有：传切配合、掩护配合、策应配合和突分配合。在教学组织时应遵循进攻战术基础配合的教学安排顺序，合理地组织好教材内容，使学生更好地掌握各种配合方法。

（1）传切配合的教学。传切配合是持球队员和无球队员之间通过传球和切入所构成的一种进攻配合形式。配合方法主要有一传一切和空切两种。

（2）掩护配合的教学。掩护主要有侧掩护、后掩护、前掩护三种不同形式；在教学与运用中又可分为给有球队员的掩护和给无球队员的掩护。

（3）策应配合的教学。策应配合根据策应的位置可分为内策应与外策应（也称低策应和高策应）。

（三）进攻战术基础配合的训练

1. 进攻战术基础配合训练要点

（1）在训练中，应重视配合意识的培养，提高协作精神和配合能力。强调配合的节奏与变化，根据队员的训练水平与训练任务，逐步提高训练要求，不断提高队员的应变能力。

（2）在训练中，应根据战术配合方法的技术要求，狠抓基本技术，如移动摆脱、假动作、传接球、持球突破、投篮技术等，注意增加练习的数量，提高练习质量。重视配合技术的练习，不断提高队员配合技术的运用能力。

（3）在训练中，应重视假动作与变化能力的训练，强调配合时机、配合意识、配合能力和应变能力的训练与提高。

（4）应狠抓困难条件下的练习与提高，把进攻战术基础配合与全队进攻战术有机结合起来，通过教学比赛来巩固，提高配合的质量。

（5）练习方法要从教学对象的实际情况和实战需要出发，注意根据教学对象的具体条件和特点进行训练。任何一个练习方法都要考虑时机、方向、地点、条件、动作、变化，以及突然性、合理性等因素。

2. 进攻战术基础配合训练方法

（1）传切配合的练习。传切配合是学习与掌握其他战术基础配合方法的基础，具有配合简洁、突然、攻击性强的特点。在训练中，要求切入队员要根据临场情况掌握切入时机，将假动作与速度结合，快速摆脱防守，传球队员要利用瞄篮、突破、运球或假动作吸引、牵制对手，及时准确地将球传给同伴。传切配合的训练还应加强与其他配合的结合，提高队员运用传切配合的应变能力。

（2）掩护配合的练习。掩护配合的形式和方法很多，通常从组成掩护配合的行动看，一是掩护者主动给同伴做掩护，使同伴借以摆脱防守；二是摆脱者主动移动，利用同伴的身体位置将对手挡住，使自己摆脱防守，可在不同的位置进行。掩护时，要强调掩护配合的时机、移动路线，被掩护的队员要隐蔽行动意图与方向，运用假动作吸引对手。同时，加强掩护配合应变能力的训练。

3. 策应配合的练习

策应配合练习时，要求策应队员应积极抢占有利位置，接球时两脚开立，用身体和躯干将对手挡在背后，两手持球于胸前，两肘外展，注意保护好球；接球后，随时观察场上情况，判断好主攻与助攻的时机，处理好内外结合的关系；在策应时要用转身、跨步、假动作及时调整策应的方向和位置，以便协助同伴摆脱防守，增加策应的变化与成功率。

4. 突分配合的练习

突分配合方法主要有两种：一是运用突破压缩对方守区，传球给外围队员投篮；二是突破后传球给空插队员或中锋投篮。进行突分配合的训练时，强调突破时重心下降，侧肩护球，动作要突然、快速而有力，突破中随时观察场上攻守队员行动和位置的变化，既要做好投篮的准备，又要及时、准确地传球给摆脱后处于空位的同伴；其他同伴要把握时机，及时摆脱对手，迅速抢占有利位置接球攻击。

二、防守战术基础配合

防守战术基础配合是防守队员在全队整体防守行动中，在局部区域为了破坏对方的进攻配合所运用的两三人之间的协同防守方法，它是全队防守战术体系十分重要的组成部分。

（一）防守战术基础配合的概述

防守战术基础配合是为了破坏对方的进攻配合，或当同伴防守出现困难时，及时地给予协助，相互合作共同完成防守任务的配合方法，防守基础配合是组成全队防守战术的基础。

防守基础配合是在局部区域上展开的防守配合行动，是由两三人参与的一种对进攻队员的各种进攻行动所实施的一种协同的控制和制约，具有小组配合的性质。

现代篮球比赛中变化最为突出的是防守技术和战术。防守技术的发展又很大程度上依赖于防守配合度的提高。在现代篮球比赛中防守更加凶狠、拼抢更加积极、对抗更加激烈，这些发展的前提是防守配合的大量使用。比赛中可以随时看到协防、补防、关门和夹击。运动员熟练地运用这些配合来破坏和制约对方的有效进攻，甚至使进攻频频出现错误，防守基础配合在篮球比赛中的作用越来越重要。

防守配合是同伴间积极合作，为争取主动，破坏对方进攻配合的协同防守行动。随着现代篮球个人攻击能力日益加强，在比赛中单靠一对一防住对手已经是非常困难的事情，进攻队员之间频繁的配合，给防守造成巨大的压力，必须靠同伴间的协同行动，才能有效地制约对方。防守战术基础配合又是整体防守战术的基础，它对培养队员观察判断能力、配合意识、变被动为主动、提高整体防守质量有重要作用。

防守基础配合的方法主要有挤过、穿过、绕过、换防、关门、夹击、协防、补防等内容。在比赛中，挤过、穿过、绕过配合是专门用于破坏对方掩护配合时所采用的一种积极有效的配合方法，其共同点是配合前后始终保持防守对手不变。交换防守配合是对付进攻队员掩护配合时所采用的一种防守配合方法，通常运用于被掩护队员不能及时地采取挤过或穿过配合时，防守掩护的队员通过及时的喊话呼应，迅速与同伴交换防守各自的对手，以达到破坏对方切入或摆脱行动的目的。交换配合方法简单，但对配合时机的掌握要求较高。在比赛中，当对方进行掩护配合时，如一味地采取交换配合，有时会导致个人防守力量上的失衡，如造成小个防大个、内线防外线的局面。为了能有效地避免这一局面发生，在防守时通常采用挤过、穿过、绕过等配合以继续保持防守各自原来的防守对手。

防守基础配合的攻击性在于积极主动地破坏对方的习惯配合，最大限度控制对方队员的活动和队员之间的联系。防守基础配合的质量好坏，取决于个人防守能力和协同防守意识的强弱。

从全队整体防守的角度来看，虽然参与防守战术具体配合行动的是两三名防守队员，但实际上，防守在局部对持球进攻队员的进攻行动进行各种防守配合行动的同时，在其他区域上的防守队员也要进行一些相应的轮转换位和位置的调整行动，以控制无球区进攻队员的各种行动。所以从严格意义上讲，任何一种防守战术基础配合的运用，都是一种全队的防守行动，是局部对球的控制和对无球进攻队员及无球区域的控制的一种统一，这也是防守战术基础配合的特殊性所在。

（二）防守战术基础配合的教学

1. 教学建议

（1）在防守战术基础配合的教学与训练中要严格要求，在提高个人防守能力的基础上掌握防守基础配合的方法。注意配合中位置的选择与调整，时间要合理及时。

（2）根据教学计划，可把挤过配合、穿过配合和交换配合作为主要教学内容，夹击配合和关门配合与补防配合作为一般教学内容，其他教材内容可根据教学安排，作为学生的自学内容。

（3）防守基础配合的重点应首先抓好"关门""挤过"和交换防守配合。在进行防守战术基础配合教学时，应先从配合的动作方法、移动路线、防止对手移动摆脱防守接球等各种练习开始，然后再进行两三人配合的练习。

（4）在进行练习时，应遵循从易到难、从简到繁的训练原则。例如，防守配合，先教"关门"和"挤过"，再教交换配合。练习中要选择典型实例作为重点练习内容，配合人数要先两人后三人，由原地到行进，最后攻守结合。教防守时，从先消极逐渐过渡到积极，最后在近似比赛或教学比赛中，通过比赛对抗，逐步提高防守的配合质量。

（5）在组织防守基础配合的教学时，要与进攻基础配合结合起来进行练习，由固定到变化，由消极到积极，由局部到全部，由个体到整体，逐步提高防守基础配合的运用能力，并将不同的防守基础配合有机地结合起来进行练习，提高队员的配合意识和应变能力。

2. 教学组织

防守战术基础配合的教学组织与安排，可先学习"挤过"配合，然后再教补防和"关门"配合，最后教交换、穿过、绕过配合与夹击配合等，也可根据教学计划安排与教学实际需要进行适当调整。

（1）挤过、穿过、绕过配合的教学。挤过、穿过、绕过配合是用于破坏对手掩护配合的积极有效的方法之一。在教学中应抓住这一配合特点，使学生正确掌握各自不同的配合方法，明确配合要求，强调运用时机，提高运用效果。

（2）交换配合的教学。交换防守配合是对付进攻队员掩护配合时所采用的一种防守配合方法。通常运用于被掩护队员不能迅速地运用挤过或穿过配合时，防守掩护的队员通过及时的喊话呼应，及时交换各自的防守对手，以达到破坏对方切入或摆脱行动的目的。

（3）"关门"配合的教学。关门配合是邻近的两名防守队员协同防守突破的配合方法。当进攻队员运球突破时，防守突破的队员向侧后方移动挡住其移动路线，临近突破一侧的防守队员，应及时快速向突破队员的前进方向移动，与突破的队员靠拢，像两扇门一样关起来，堵住突破者的前进路线。

（4）补防配合的教学。补防配合是两名防守队员之间的一种协同配合方法。当同伴被突破时，临近的防守队员立即放弃自己的对手，去补防那个威胁最大的进攻者，漏人的防守队员则要及时换防。

（5）夹击配合的教学。夹击配合是指防守队员利用或迫使对手运球停止时，突然快速上前与同伴一起限制对手的活动或封堵传球的一种配合方法，该配合具有较强的攻击性，常在紧逼人盯人战术和带有夹击式的联防防守时运用。

（三）防守战术基础配合的训练

1. **战术基础配合训练要点**

（1）在复习提高进攻战术基础配合的过程中，有意识地组织防守战术基础配合的训练内容，促进攻守战术配合的有机结合。

（2）在训练中，重视队员防守基础配合的意识培养。在教不同的防守战术基础配合时，要使学生了解完成配合的不同环节、配合条件、地点、时机、技术动作及队员之间的协同配合动作和应变方法。

（3）在训练中，应重点抓好"关门""挤过"、交换防守等配合。可先从配合技术和移动路线、移动中摆脱防守接球等各种练习开始，然后进行两三人配合的完整练习。

（4）要重视与加强防守配合技术的训练，如"挤过"的跨步、穿过的后撤抢步、夹击的身体动作与手的动作、"关门"时的侧跨步抢位等。严格技术规格，强调技术动作的力度与动作幅度，提高完成动作的速度。

2. **战术基础配合训练**

具体的练习包括以下内容。

（1）挤过的动作练习。

（2）穿过配合的辅助练习。

（3）防守运球掩护的挤过与穿过动作练习。

（4）防守无球掩护时的挤过、穿过与绕过和交换防守配合练习。

（5）防守掩护的两人配合练习。

（6）半场防守掩护后运球突破练习。

（7）半场二对二交换防守配合练习。

（8）防守掩护配合的综合练习。

（9）全场二对二交换防守的配合练习。

（10）围夹中锋的练习。

（11）防守突破的关门配合练习。

（12）三人轮转补防练习。

（13）二人补防练习。

第二节　快攻与防守快攻

快攻与防守快攻是现代篮球比赛攻防战术体系的重要组成部分，也是全队战术组织不可缺少的一部分。在比赛中，快攻与防守快攻的成功运用，不仅能快速增加本队得分，或抑制对方的得分，还能大大提高本队的士气，增强必胜的信心。快攻与防守快攻能力的增强，对提高队员快速技术的熟练程度和运用能力，提高队员攻守转换意识也有积极的作用。当前，各级篮球队都把快攻与防守快攻战术作为全队战术训练的基本内容，同样也是篮球教学的重点内容，通过对快攻与防守快攻的教学，使学生熟悉并深入理解快攻与防快攻的基本理论，掌握其战术组织的方法和基本要求，并能在实战中运用并创新。

一、快攻战术

快攻战术的运用体现了当代化篮球比赛的风格和进攻战术的发展趋势，反映了篮球运动的快速、灵活、全面、准确的特点，它对培养篮球运动员良好的心理素质和积极主动、勇猛顽强的作风，提高运动员的体能和技术运用能力，发展和提高篮球意识，提高进攻战术的质量都具有十分重要的作用。

（一）快攻战术的概述

快攻是指在由守转攻时，攻方获球后以最快的速度，在最短的时间内组织快速攻击，力争获得人数、位置、时间、空间的优势与主动，快速果断完成攻击所采取的一种特殊战术形式；它具有发动突然、攻击迅速、成功率高、不确定性等特点。快攻战术的核心是争取时间、创造战机、速战速决。在比赛中，充分发挥快攻的威力，不仅能破坏对方固有的防守体系，增加更多的得分机会，给防守造成很大的压力，还能增强本队的信心和勇气，争取场上的主动权，获得良好的进攻效果。

快攻是篮球比赛最早运用的一种进攻战术。早在 1893—1895 年，美国就盛行一种偷袭快速进攻，即固定一个人在前场准备接球长传快攻。这种长传快攻是在抢到后场篮板球和罚球不中抢球后一传到前场的基础上发展起来的。1894 年，由于规则中实行了中圈跳球规定，1896 年就有了跳球配合，这种配合最早起名为"人在球前的配合"，逐渐演绎成跳球快攻战术。1937—1940 年，实行投篮和罚球命中后由对方在端线掷界外球继续比赛，改变了过去投中和罚中球后都必须在中圈跳球继续比赛的规定。因此，抢发端线界外球的快攻在跳球快攻的基础上发展起来。后来，为了获得更多的防守反击快攻机会，加强了对篮球防守及战术的重视和研究，防守的攻击性和破坏性越来越强，抢断越来越多，以抢断为基础的抢断快攻在比赛中频繁出现，占据了越来越重要的位置。随着快攻战术的发展，它已成为现代篮球进攻战术中最锐利的武器，也是最有效的反击得分手段。

根据快攻的战术结构，快攻战术的组织形式主要有长传快攻、短传结合运球突破快攻、个人突破快攻等方法。在比赛中，当抢获后场篮板球时，抢、打、断球时，跳球后获球时，掷后场端线界外球时等情况下都是发动快攻的时机。其中，抢断球快攻是发动快攻的最好时机，也是快攻成功率最高的一种战术方法；抢获后场篮板球是发动快攻的主要目的，在很大程度上直接决定一个队快攻战术组织的数量，对快攻的质量也有直接影响。

长传快攻是指在防守队员在后场获球后，通过一次或两次传球，直接将球传给快下的进攻同伴直接攻击的一种快攻形式，其特点是：突然性强、进攻时间短、速度快、战术组织简单，一旦发动不易防守，是一种成功率较高的快攻战术形式。但这种快攻要求快下队员意识强、速度快，发动队员传球要及时、准确，视野开阔。长传快攻从战术结构上分为发动和结束两个阶段。

长传快攻结构相对简单，这决定了它在战术上所具有的弱点和缺陷，攻击力相对单薄，直接参与快攻的人数少、结构简单，攻击阶段缺乏战术上的变化。长传快攻的配合形式主要有抢篮板球后的长传快攻、掷后场端线界外球的长传快攻、断球后的长传快攻。从技术层面上来看，长传快攻的配合主要体现在快速条件下队员的传球和接球的准确配合。

短传结合运球突破快攻是快攻战术运用的主要组织形式，是当防守队获球后，通过快速地传球或运球突破结合短距离的传球，迅速地将球推进到前场，快速形成合理的攻击队形的快攻方式。这种快攻具有灵活、机动、多变的优点，参加配合的人数多，容易造成以多打少的局面。它也经常与运球突破结合运用。

短传结合运球突破快攻与长传快攻相较，在战术结构上较为复杂，一般包括发动与接应、快攻的推进和快攻的结束三个阶段。发动与接应是快攻组织的重要环节，特别是由守转攻后，队形的分散和一传的速度非常重要。快攻的发动是指队员获球后的第一行动，它是快攻战术能否展开的首要环节，也是快攻组织的关键。快攻接应是指在快攻时，进攻队员及时快速地选择有利位置接第一次传球的配合方法。接应是快攻战术的重要环节，包括固定接应和机动接应两种方法。固定接应又有固定区域固定队员的接应、固定区域不固定队员的接应、固定队员不固定区域的接应等形式。快攻的推进阶段，指快攻发动与接应后，至快攻结束前中场配合的阶段。在此阶段，快下队员应保持前后左右的纵深队形，以快速完成推进。推进形式有传球、运球及传球与运球突破结合推进。快攻结束阶段是指快攻推进到前场完成最后攻击阶段的配合，它是快攻成功与否的关键。快攻结束阶段的配合方法主要有以多打少、人数相等等多种形式。

个人突破快攻是指队员抢断球或抢篮板球后抓住战机，快速超越对手，直接运球突破到篮下攻击得分的一种快攻形式。它具有突然性强、方法简练、机动多变的特点。要求队员具备强烈的快攻意识、顽强的敢打敢拼的比赛作风、高超的个人突破技术与强攻得分能力。

（二）快攻战术的教学

1. 教学建议

（1）快攻是全队进攻战术的主要内容，也是比赛中全队战术运用的首选战术方法。因此，一般应安排在攻、防战术基础配合之后进行教学。

（2）快攻的战术教学步骤可采取完整的讲解与示范；分解（段）进行发动与接应、推进与投篮训练；先掌握结束段的配合方法，即以多打少、后人数相等和以少打多的配合；然后再学习快攻的发动与接应，最后组织全队完整快攻配合的练习，并逐渐增加防守和对抗难度；在比赛实践中运用提高的程序组织教学。

（3）教学中应先教长传快攻，再教短传结合运球快攻；先教快攻的发动与接应，再教快攻的结束段，最后学习快攻推进与全队配合。

（4）快攻战术教学应先在固定形式下练习快攻的基本方法，逐步过渡到机动情况下练习，先从无防守再过渡到消极防守，直至在积极防守情况下进行练习。

（5）全队快攻战术配合可先教抢篮板球后的快攻，再教断球快攻、掷界外球快攻；可先从区域联防发动快攻开始，然后在人盯人防守情况下进行，最后在接近比赛形式下进行。

（6）快攻教学应以抢后场篮板球发动快攻、短传与运球结合的推进、以多打少的结束段为教学的重点。

2. 教学组织

快攻战术的教学组织主要是依据快攻战术的基本形式与组织结构所进行的，分为长传快攻的教学和短传结合运球快攻的教学两个部分。

（三）快攻战术的训练

1. 快攻战术训练要点

（1）树立快攻新观念：在快攻战术训练中首先要清楚了解现代快攻的特

点，明确和掌握当前世界强队快攻发动及组织形式的特点；确立以快速技术为基础的快攻观念。

（2）结合当前快攻战术的发展特点和本队的实际情况，设计本队的快攻战术体系。

（3）快攻战术的训练中，要反复强化快攻意识的培养，把战术训练与技术、身体素质训练和思想作风的培养等紧密结合。

（4）在训练中要突出重点，对接应分散、快下、跟进、跑动路线、前后层次等要有明确要求；重点抓好中路推进的分球与突破，加快推进速度；结束阶段要抓好三攻二和二攻一等配合，提高快攻的质量与成功率。

（5）在掌握快攻战术方法的基础上，强调提高全队的攻守转换速度，做到队形分散快，快下队员跑动快，后线队员跟进快。

（6）培养快攻欲望，突出快速风格：培养运动员快攻的"强烈"愿望，首先在跑动速度和运、传、投各个环节上突出一个"快"字，确立快速风格的指导思想，并统一到教练员所制订总体计划上。从思想、作风、体能和技术上都突出快速风格，上下一致，全力以赴，落实训练。

（7）从比赛的实际出发，强化快速风格，快攻风格的重要基础是快速技术和快攻战术意识，需要在多年的训练中逐步养成。教练员要在训练和比赛中利用一切可能的机会耐心培养。抓住每一次训练和每一次快攻的机会进行磨炼，反复强化。

（8）提高快速技术一定要同时提高队员的反应速度、起动速度、位移速度和动作速度，只有在每个环节上突出快，才能达到训练效果。因此，教练员必须要求运动员每一个练习、每一场比赛都要全力以赴，尽最大的努力，在高速度、高强度对抗中完成。

（9）训练方法的选用，对有一定训练水平的队员可重点加强一对一和二对二的快速技术训练，结合守转攻和阵地进攻战术组织训练；加强比赛训练法的运用。可运用"加分""扣分"等特殊规定激励运动员，增强快速意识，提高快速技术水平。

（10）在教学与训练中，应把快攻与防快攻结合训练；把快攻训练与阵地进攻战术衔接阶段的训练相结合。

2. 快攻战术训练方法

（1）快攻的快速技术训练。快速技术是组织快攻战术的基础，也是影响快攻战术质量的重要因素。无论是在快攻战术教学或快攻战术的训练中都应重视和加强队员快速技术的训练，这也是篮球快攻训练的重要内容，对全面发展队员的竞技能力具有积极的意义。

快速技术的训练要强调以最快的速度完成技术动作，并达到熟练、自如、实用、准确，并把快攻意识的培养与技术、身体素质的训练和思想作风的培养紧密结合。

（2）长传快攻的练习，具体的练习包括以下内容。

① 全场接长传球上篮的练习；② 全场长传快攻的配合技术练习；③ 防守下的长传快攻练习；④ 结合防守的长传快攻练习。

（3）短传结合运球快攻的接应与推进练习，具体的练习包括以下内容。

① 抢篮板球一传接应的练习；② 连续插边接应运传球练习；③ 抢篮板球一传接应的练习；④ 二对二抢篮板球转快攻一传的结合练习；⑤ 全场练习接应传球推进上篮的练习。

（4）快攻结束段以多打少的练习，具体的练习包括以下内容。

① 半场二打一的练习；② 半场三打二的练习；③ 全场二打一的连续转换练习；④ 结合抢篮板球后的全场二打一练习；⑤ 全场快攻三打三的练习；⑥ 三人转换快攻二攻一的练习；⑦ 全场三人二打一的练习；⑧ 快攻结束段二打一转三打二的练习；⑨ 半场二对二转全场追防快攻反击的练习；⑩ 全场传接球上篮转换成三人快攻的练习；⑪ 全场三打二转三打三快攻练习。

（5）全队整体快攻的练习，具体的练习包括以下内容。

① 全场五人快攻的完整练习；② 由守转攻全场五人快攻练习。

二、防守快攻战术

防守快攻是全队防守战术体系的组成部分。篮球比赛的速度不断加快是当前篮球运动发展的特点之一，掌握防守快攻的战术方法。能制约对方的进攻速度，为本队按计划有组织地实施有效的防守阵式争取时间。

（一）防守快攻战术的概述

防守快攻是由攻转守的瞬间，全队有组织、有针对性地阻止和破坏对方快攻的防守战术方法，它是全队防守战术体系的组成部分。

现代篮球比赛速度不断加快，快攻意识增强，攻守速度加快，快攻得分比重增大，正确地掌握和积极运用防守快攻战术在比赛中尤为重要。防守快攻战术是在积极防守的思想指导下，强调整体布防，队员各司其职，行动一致，积极主动地从不同位置上全面追堵，阻止与破坏对方快攻。防守快攻战术的运用，不仅能制约对方的进攻速度，有利于控制比赛节奏，也为本队按计划有效的组织防守阵式争取时间。

防守快攻首先要在进攻时尽量减少失误与违规，不给对方偷袭快攻的机会，同时要掌握好投篮时机，布置队员积极拼抢篮板球和退守，注意攻守平衡。进攻投篮后，立即积极组织拼抢前场篮板球，既可能获得再次进攻的机会，同时也有利于立即转入封堵对方第一传的防守。

一旦对方抢到篮板球或掷界外球时，要防止对方长传偷袭快攻。积极进行堵截、夹击与控制，破坏和干扰其传球或突破，力争制止对方发动快攻。这也是防守快攻战术配合的关键。

防守快攻战术的实施，是通过封堵对方第一传，阻截接应队员，干扰其向接应区移动，抢占其习惯的接应点；积极追防快下队员和在中场堵截、干扰，阻挠对方使其不能顺利地传球和运球，延缓快攻速度而达到破坏对方快攻的目的。在防守中，力争防守人数上均等，既要求以少防多，也要求做到沉着冷静、机智果断、大胆出击，赢得时间上和人数上的均衡。对对方在任何位置上的投篮，都要积极进行干扰和封盖，影响其命中率，并要积极拼抢篮板球。

快攻防守战术的运用相对于阵地防守而言难度较大，特别是防守抢断球发动的快攻。防守快攻的运用更强调全队强烈的快攻防守意识，快速有序的集体战术组织，其全队战术行动是在不同区域和不同时段同步展开的。从防守快攻的战术环节来讲，最为关键的是攻守转换的瞬间对持球进攻队员一传的封堵或运球突破过程中突破路线的卡堵，最大限度地限制其一传和推进的速度。同时，要求其他队员的快速退守，退守过程边退边防；参与退守的人越多，退守的速度越快，对于快攻防守的效果也就越好。

（二）防快攻战术的教学

1. 教学建议

（1）防守快攻战术的教学要与队员的由攻转守快速转换意识的培养结合起来，与快攻战术教学结合进行，一般应先组织快攻战术的教学，之后再进行防守快攻的战术教学，以有利于队员正确掌握其战术配合方法，促进攻守质量的提高。

（2）在防守快攻战术教学的初学阶段，首先应把防守快攻的方法与基本要求讲述清楚，使学生对防守快攻有初步了解，能合理地使用防守技术。

（3）防守快攻教学应采用分解法，对堵截快攻第一传与接应、防守对方推进、防守结束阶段分别进行教学，在掌握各阶段的防守方法基础上，再进行整体防守战术的教学。应注意由易到难逐步增加进攻难度，在比赛实践中运用提高。

（4）在防守快攻的教学训练中应以一防二，二防三作为练习的重点。在整个教学训练的过程中，应始终注意加强拼抢篮板球，封一传、堵接应，防运球突破，补防，以少防多等防守技术和配合的训练，提高防快攻的质量。

2. 教学组织

防守快攻的教学组织是按照战术的基本结构组织安排的。

（三）防守快攻战术的训练

1. 防守快攻战术训练要点

（1）在训练中，不断强化快速攻守转换意识，把拼抢前场篮板球与积极退守紧密衔接结合，做到反应快、起动快、全场领（追）防，多人退守，紧逼控球队员，积极封扰抢断，尽量避免以少防多的局面发生。

（2）防守快攻的训练应与比赛作风的培养紧密结合，树立和锻炼坚韧不拔的意志品质，形成顽强拼搏的作风，反复跑动，积极干扰，永不言弃，在坚持一下的努力之中，力争主动。

（3）防守快攻训练要与快攻训练密切结合。防守总是以快攻为对象在对抗中进行的，针对快攻在各个环节的运动规律，在对抗中相互促进，及时提高攻、防能力。

（4）防守快攻战术的训练，应针对快攻特点组织模拟防守重复训练，在组织快攻练习的情况引导下进行一防一、二防二和三防三的防守快攻的技术训练，结合由守转攻和阵地进攻战术训练，有针对性地组织比赛训练。

（5）通过教学竞赛，不断提高防守快攻的质量，促进防守快攻战术能力的提高。在防守快攻的教学训练中，应始终注意培养学生防守快攻的意识，加强队员的专项身体素质的训练。

（6）采用五人防快攻训练时，要提高集体防守的攻击性和控制对方进攻速度的能力，以及攻守转换速度。

2. 防守快攻战术的训练方法

（1）抢篮板球与封堵一传与接应的练习。拼抢前场篮板球是破坏对方快攻战术组织最有效的方法；封堵一传与接应则是破坏对方快攻发动的关键，它们是防守快攻战术方法的基本内容，在训练中必须给予重视，并可结合加以训练。在训练中，应狠抓战术意识与拼抢能力，强化由攻转守时对球的控制、干扰与破坏一传与接应的能力的提高，把强化意识与行动转化结合起来。

（2）防守快攻推进与结束段的练习。在防守快攻推进与结束段的练习中，应抓好队员的快下意识，强调快下速度，重点提高队员以少防多的能力。

第三节 攻防人盯人战术

人盯人防守战术与进攻人盯人防守战术是篮球全队战术体系的重要组成部分，也是篮球比赛中运用最多的一类全队攻守战术方法，一直都备受各级篮球队的重视，它是体育院校篮球战术教学与训练的主要内容。

一、人盯人防守战术

（一）人盯人防守战术的概述

人盯人防守是以盯人为主，每名防守队员严密盯防自己的进攻对手，兼顾球的位置和所在的防区，做到人、球、区兼顾，并与同伴协同配合而实现全队防守任务与目的的一种全队防守战术方法，是篮球全队战术体系的重要组成部分。人盯人防守战术也是现代篮球比赛中运用最多、最重要的战术方法之一。

人盯人防守战术是篮球运动最早产生的一种防守战术。早期的人盯人防守是全场人盯人，1897 年出现于美国，它要求每名防守队员负责防守自己的进攻队员，无论进攻队员跑到哪里，都要像胶水一样"粘"住对手，使对手不能运球突破、传球和投篮得分，这种防守也被称为"胶水式"盯人防守。当时，这种人盯人防守战术仅限于个人行动，每名防守队员相对孤立，缺乏防守的整体性，容易被对方各个攻破。随着篮球运动的不断发展，个人防守能力的不断提高，全队配合能力的大大增强，促使现代人盯人防守战术有了很大的发展，防守的主动性与破坏性更强，战术手段更加丰富、战术方法更加合理、战术运用更加广泛，从而增强了现代篮球运动攻守对抗的激烈性和观赏性。

人盯人防守战术可分为半场人盯人防守战术和全场紧逼人盯人防守战术两大系统。这两种战术体系具有各自的战术配合方法，但防守的侧重点，都是以人的控制为重点，兼顾球和区的控制。两种战术系统的主要区别在于对人的控制范围，一个是在全场范围展开的人盯人防守，而一个则是退回到本方后场，在半场范围内展开的人盯人防守。人盯人具有相对固定的防守对象，在防守过程中主要是以对自己所防守对象的控制为主。不论是防守持球的进攻队员，还是防守无球的进攻队员，首要前提是必须尽最大努力严密控制自己所防进攻队员的各种进攻行动。但是，人盯人防守战术又不能被简单地理解为一个防一个，并非仅是只要防住自己的对手。人盯人防守战术体系，在对具体的防守对象的控制过程中，防守有球和防守无球之间、不同的防守区域之间强调相互紧密联系，以防人为中心，结合对有球和无球的各种有威胁的移动和攻方各种进攻配合行动的综合控制和破坏，共同形成一种严密的整体防守体系。人盯人防守的优点是分工明确，能发挥队员防守的积极性，提高防守的责任感；针对性强，能根据彼我双方特点分配防守任务，机动灵活地调整防守部署，控制对方的进攻重点。它的主要缺点是易被对方在局部地区各个击破。

半场人盯人防守战术是指球队在前场进攻时投篮的球中篮或进攻违例或犯规等失去球权后，放弃前场的防守，迅速退回后场，每名队员负责以盯防分工的防守对手为主，兼顾对球和区的控制，与同伴协同配合所进行的一种防守战术。它是人盯人防守战术体系中最具代表性和运用最普及、实用性最强的一种防守战术方法，也是篮球运动中最基础的全队防守战术。这种战术分工明确，责任到位，针对性强，便于队员掌握。它能有效地控制对方进攻时的习惯打法，充分发挥队员的个人防守能力，调动个人防守的积极性。比赛中，防守队员可根据人、球、区的不同位置及其他同伴和对手情况，随时调整防守位置，使自己始终处在最佳的防守位置上，并合理运用防守战术基础配合与同伴构成一个整体防守系统。

根据防守的范围和防守的重点，半场人盯人防守可分为半场扩大（紧逼）

人盯人防守和半场缩小（松动）人盯人防守两种。半场扩大人盯人是一种带有紧逼性的防守方法，主要以争夺球为目的，封堵、切断对方的传球路线，阻止三分投篮。这种防守方法主要是针对对方外线投篮比较准确，适合个人突破能力及全队的整体进攻配合质量相对较差的球队采用。防守的范围一般在8～10米，力求有效遏制对方的外线进攻，打乱对方的行动计划。同时，半场扩大人盯人也用于加强外线防守，切断内外线之间的联系，使进攻中锋没有获得球的机会，破坏对方内外结合的习惯打法，造成对方心理的紧张，并及时组织夹击控球队员，迫使其传球失误，为抢、断球发动快攻创造机会。

半场缩小人盯人防守是一种相对较松动性的防守方法，重点是加强对进攻队内线队员的防守。这种防守方法适合对方外线投篮准确性相对较差，而个人的突破和内线的攻击能力较强的球队采用。防守的范围一般在6～7米，是以加强内线防守，控制限制区附近为目的的针对性极强的防守方法，有利于保护篮下。对以外线突破和内线进攻为主的球队防守效果明显，可以有效地抑制其进攻的节奏。同时，非常有利于控制防守篮板球，为发动快攻创造条件。

全场人盯人防守战术，是指在由攻转守的过程中，守方以最快的速度，在全场范围内找到每一名防守队员具体分工防守一名进攻队员，并在防守过程中根据球和攻方无球队员的各种变化，通过各防守队员之间和各防守区域之间紧密、协调配合，在全场范围内综合、全面地对攻方的各种进攻行动进行积极主动的控制和制约的一种整体的防守战术。这种战术运用突然、气势强悍，加强前场和中场的争夺，防守的攻击性较强。由于全场人盯人防守战术在战术结构上的一些特殊要求和战术系统在功能上所显现出的一些特点，因此也将全场人盯人防守战术称为全场紧逼人盯人防守战术。

人盯人防守也有它自身的弱点和战术上的缺陷，主要表现为防守的队形相对分散，防守的位置和区域的变化较大，进而给整体的协防带来一定的难度，容易被进攻队在弱点位置或区域上击破。

随着现代篮球运动的发展，人盯人防守战术方法与战术理念都得到了很大的发展。战术内容更加丰富,防守的攻击性和破坏性得到加强,各级球队都把它作为重要的战术方法和手段在训练和比赛中加以运用。从当今世界篮球比赛来看,尽管综合防守的趋势有所发展,半场人盯人防守依然是各队的主要防守阵式。

(二)人盯人防守战术的教学

1. 教学建议

(1)人盯人防守战术的教学,应以半场人盯人防守为主。首先组织半场人盯人防守战术教学,从个人脚步动作、防守技术运用及防守战术基础配合抓起,在此基础上进行全队防守战术配合的教学。

(2)可运用录像、战术沙盘、图表或黑板等手段,对人盯人防守战术方法、战术原则进行讲解、演示,使学生建立完整战术概念,明确战术方法和战术运用的基本要求。

(3)先教半场缩小人盯人防守战术,再教半场扩大人盯人防守战术,再进行全场人盯人防守的教学。

(4)半场人盯人防守的教学,应先学习局部防守战术配合,即先教强侧的防守配合,再进行弱侧防守配合的教学,然后进行全队整体防守配合练习。

(5)全场人盯人防守应安排在半场人盯人防守教学之后进行,与进攻全场紧逼人盯人防守教学结合起来。

(6)全场人盯人防守重点学习前场和半场的紧逼防守方法,先进行两三人配合练习,后进行全队战术配合练习。

(7)在教学与训练过程中要加强个人防守能力与提高防守基础战术的练习;加强攻守转换速度的练习和前场紧逼防守与夹击、补防的练习。

(8)在教学与训练过程中,要加强身体素质的训练,尤其是速度和耐力的训练;加强学生勇敢顽强、坚忍不拔的战斗作风和意志品质的训练。

(9)最后在半场或全场的对抗练习中掌握和提高全队防守战术配合的方法和能力,在教学比赛中培养和提高学生的实战对抗能力和意识。

2. 教学组织

人盯人防守战术的教学组织，主要包括半场人盯人防守与前场人盯人防守两部分。

（三）人盯人防守战术的训练

1. 人盯人防守战术训练要点

（1）在训练中，积极贯彻以防"球"为主的防守原则。严防对手，对持球队员采用平步近身或贴身紧逼防守，扩大防守面积，封盖投篮，干扰传球，堵截运球，及时追防。

（2）半场人盯人防守训练的重点强调以盯人为主，人球兼顾，注重协防；在盯人时要根据球在场上的位置，随时调整防守对手的位置、距离。

（3）在训练中，强调对无球人的防守采用"错位"抢前防守，做到人、球、区兼顾。根据对手距球的远近抢占有利的位置，控制对手接球，堵截其向球移动和空切篮下的路线，积极破坏无球队员的配合行动，减少进攻队员获得接球的机会。

（4）在抓好个人防守的基础上，加强防守基础配合与协防和补防的训练，以增强队员的"挤过"配合意识与能力。

（5）加强防守的针对性训练，有计划地安排进攻队的重点攻击区与攻击点的防守训练。如采用缩小人盯人防守对方中锋篮下强攻和外围运球突破能力强时的防守配合训练。当对方篮下攻击能力不强，外围投篮准时，采用扩大人盯人防守的半场紧逼防守训练。在防守过程中都应加强防守的伸缩性与应变性训练。

（6）训练中，应强调对内线的防守以破坏其接球为重点。根据中锋进攻的特点合理地采用绕前防守或围守中锋的防守方法，其他队员及时轮转补防。

（7）全场紧逼人盯人防守技术的训练重点在高强度的防守能力与专项身体素质的保障上。其中个人防守能力中的快速移动防守能力与身体对抗能力是保证全场紧逼人盯人防守战术的基石。

2. 人盯人防守战术训练方法

（1）半场人盯人防守战术的练习。

① 移动选位的防守练习。防守的选位与移动是掌握半场人盯人防守战术的基础，通过此环节的训练，使队员明确防守对手在运用中的基本要求，提高队员个人防守技术的运用能力，为学习全队人盯人防守战术打好基础。

② 局部防守配合的练习。局部防守的配合练习是全队防守战术的一部分，可根据本队的具体防守战术方法在练习中提出相应的要求，掌握配合方法，提高配合质量，逐步与全队防守战术相衔接。

③ 全队五人完整战术配合练习。组织完整战术配合练习时，应根据本队战术的安排，按照半场扩大（缩小）人盯人防守的战术要求，侧重组织练习，逐步掌握半场人盯人防守战术方法。

（2）全场紧逼人盯人防守战术的练习。

① 局部防守配合的分解练习。全场人盯人紧逼防守是通过在前场、中场、后场的不同区域实施的三个阶段的防守而进行的全队防守战术配合。因此，训练中也应遵循这一规律，分区分阶段进行训练，组织练习。

② 全队整体防守战术的练习。全队整体防守的练习是学习与掌握全队战术方法的重要环节，在练习中，可根据队员的训练水平，提出练习要求，改变练习条件，逐步过渡到正常条件下的攻守对抗练习，掌握全场紧逼人盯人防守战术方法。

二、进攻人盯人防守战术

进攻人盯人防守战术是现代篮球进攻战术体系的重要组成部分，它是针对人盯人防守的特点、防守范围的大小及防守队员防守能力的强弱，并结合本队实际情况而制定的一种有组织的全队配合方法。比赛中，由于人盯人防守的普遍运用，进攻人盯人防守的战术方法也成为各级球队必须掌握的主要战术内容之一，以适应比赛中战术变化的需要。

（一）进攻人盯人防守战术的概述

（1）进攻半场人盯人防守战术。进攻半场人盯人防守战术是进攻队根据对方在前场不同的防守形式与防守特点，从本队的具体情况出发，最大限度地发挥队员的特点，通过一定的阵型，综合运用各种掩护、突分、传切和策应等基础配合所组成的全队进攻战术方法，是比赛中运用最多的一类进攻战术方法。

进攻半场人盯人防守战术是一种典型的阵地进攻。首先要求全队进入前场迅速地落位布阵，进攻的落位方法和阵型，强调以本队的身体条件和技术特点，以及对方的防守情况为依据进行合理的选择。进攻中常用的落位布阵方法有：一是单中锋落位，布阵形式有 2-3、2-1-2、2-2-1 等；二是双中锋落位，布阵形式有 1-3-1、1-2-2、1-4 等；三是马蹄形落位或用 2-3 落位，采用机动中锋的打法。

进攻半场人盯人防守时，不论采用何种形式的打法，其整体战术都是由传切、突分、策应、掩护等基础配合所组成。进攻的主要打法有：① 以中锋为核心的进攻；② 以外线为主的进攻；③ 以集体进攻为主的打法；④ 以移动进攻为主的打法。

随着当前半场人盯人防守战术运用愈趋频繁，个人防守能力增强，整体防守更加协调，增加了现代篮球运动对抗的激烈程度。同时，也促进了进攻人盯人防守战术的发展，使进攻更讲求连续性和实效性，使进攻人盯人防守战术更加灵活机动。现代篮球比赛中进攻半场人盯人防守战术运用的多样性、复杂性及打法的流畅性，凸显了进攻人盯人防守战术在现代篮球运动发展中的重要地位。

（2）进攻全场紧逼人盯人防守战术。进攻全场紧逼人盯人防守，是指进攻队根据防守队在全场范围内进行紧逼人盯人时所采用的进攻方法和行动，是篮球进攻战术系统中的一种全队进攻战术方法。

由于进攻全场紧逼人盯人防守战术是在全场的区域里进行的，因此，与在半场进攻的全队战术相比，无论是从时间、空间或战术难度上，都有相当大的差异。进攻全场人盯人防守时，整个战术过程可分为前、后两个阶段，前阶段是后场进攻，后场进攻时接应发球和推进是关键环节；后阶段是进入前场后的攻击，进攻方法与进攻半场人盯人防守相似，重要的是及时根据防守队形和场上情况相应布阵后，连续地、不间断地使用进攻人盯人的具体战术配合。

进攻全场人盯人防守的方法很多，从进攻的形式上可归为两类：一是快速进攻法；二是阵地进攻法。

（二）进攻人盯人防守的教学

1. 教学建议

（1）应首先学习掌握半场人盯人防守战术，其次再学习进攻半场人盯人防守战术。开始练习时，要让每名队员了解全队的战术落位阵形、进攻时机、移动路线，主要攻击面和攻击点及变化规律。

（2）应先在无防守和消极防守的情况下进行队员的战术分位练习，提高个人技术运用能力和基础配合的质量，然后进行全队战术配合练习，在此基础上加强防守，提高练习难度和对抗强度。

（3）在实战中检验队员对全队战术方法的理解和掌握程度，通过比赛的信息反馈，不断总结分析，以此提高战术水平。

（4）进攻全场紧逼人盯人防守的教学，应放在全场紧逼人盯人防守后进行。要让学生了解进攻全场紧逼人盯人防守战术的特点和要求，了解全队战术配合方法，明确由守转攻时，队员的分工落位、进攻时机、移动路线、主要攻击面和攻击点及变化规律。

（5）教学中应采用分解教学法分段教学，先学习前场和中场的配合方法，再学习整体战术配合方法。练习时，重点加强后场和中场的掩护、传切、突分和策应配合的训练，同时加强由守转攻时的反击速度和意识的训练。

2. 教学组织

进攻人盯人防守的教学，主要包括进攻半场人盯人和全场紧逼人盯人两部分的内容。

（三）进攻人盯人防守战术的训练

1. 进攻人盯人防守战术训练要点

（1）结合本队的实际，加强配合技术的训练，重视不同形式下的传切、掩护、策应、突分等配合方法的练习，提高队员灵活运用两三人战术基础配合的能力。

（2）结合全队战术方法，加强局部配合的练习，把队员的技术特长与全队战术结合起来进行训练。

（3）重视攻守转换意识与转换速度的训练，特别是进攻全场紧逼人盯人防守的训练应与顽强的作风紧密相结合。

（4）进攻人盯人防守战术的训练，应使队员明确全队战术配合的方法，以战术训练为中心，把身体、技术意识和作风融为一体，训练中严格战术纪律，加强战术运用变化能力的培养。

（5）根据本队情况，组织多种的战术方法训练，以提高全队战术运用的应变能力。

2. 进攻人盯人防守战术训练方法

进攻半场人盯人防守的方法很多，但有其共同的特点，在训练中应根据本队的技战术特点，掌握多种进攻方法，针对不同的防守阵式合理运用。

3. 进攻全场紧逼人盯人防守战术的练习

（1）全队战术配合的分解练习。进攻全场紧逼人盯人防守的分解练习，应以提高攻守转换能力与抢发球和推进球为重点，加强分散快下、运球突破、传球快速推进等环节的训练。

（2）全队战术配合的整体练习。全队整体战术配合练习是全队战术训练的重要环节，训练中应从无人防守、消极防守逐步过渡到积极防守中去，掌握配合方法，最后提高战术配合的质量，掌握战术运用的变化技巧。

为增加进攻的难度，可在前场或中场增设一名防守队员，担负堵截、夹击断球任务。在训练过程中，对攻守双方的成功次数及技术运用和配合上出现的问题进行临场统计，检查训练效果，以便对运动员及时给予鼓励，并指出存在的问题。

第四节　攻守区域联防战术

本节主要就区域联防的战术基础、特征、运用特点和进攻区域联防的基本要求、阵型，以及攻守区域联防战术的教学组织、训练要点和方法进行介绍。

一、区域联防

区域联防是在半场范围内通过队员有策略地分区占位组织的专门阵型和配合方法而形成的一种防守战术方法，有鲜明战术特征和比赛功能，它是篮球全队防守战术体系的重要组成部分。当前，区域联防已成为各级球队战术训练的重要内容，也是体育院校篮球专修课战术教学的重点教材之一。

（一）区域联防的概述

区域联防是把五名队员的防守责任和防区有机地联系起来，防守队员的防守范围较为固定，分工明确，防守力量集中。因此，它能很好地发挥集体防守的优势，弥补个人防守技术的薄弱点，有利于保护和协同防守篮下攻击威胁，限制对方的内线进攻，破坏对方的运球突破进攻，有利于组织抢防守篮板和迅速发动快攻反击。

区域联防是在半场内划分五个区域，每个队员各守一个区域，并守住处于本区的任何进攻队员而组织起来的防守战术。由于划分区域的方法不同，区域联防有"2-1-2""2-3""3-2""1-3-1""1-2-2"等形式。不同形式的区域联防都有其自身的优势和薄弱环节，有其不同的作用和功能，比赛中可根据对方特点和本队具体情况，有针对性地加以运用。

区域联防战术的防守重点是内线，最显著特点是守区、防球与保篮下。在防守中，根据球的位置、移动变化和进攻队员的穿插移动，不断地调整防守位置，在各自的防守区域内，监视和限制进攻队员的活动，加强对有球区域和篮下的防守，严密封锁球入内线，强守篮下，防止对方的投篮。

区域联防主要运用于外围中远距离投篮不准，但内线威胁较大的球队，或因对方频繁穿插移动和运球突破，本队个人技术较差或犯规较多时，或为了使对方不适应，作为战术调整的手段，更有效地加强和组织抢篮板球和发动快攻而采用。

进入 20 世纪 80 年代后，随着现代篮球运动的发展，单一、固定阵势的区域联防已不适应现代篮球比赛的需要，区域联防战术配合及打法向着协同性、攻击性方向发展，突出积极主动，制造陷阱，造成对方被迫失误，不但增加了轮转换位、围守中锋、夹击防守等配合，还出现了对位防守和把人盯人防守方法和原则融入于区域防守的综合性联防战术，即在联防中，根据进攻队的落位与球员的移动，有意识、有目的地进行阵型变化，即形成"一对一"的对位联防，它既增强了防守的针对性，又避免了出现薄弱区域内的被动局面，这也是当今区域联防的发展方向。

对位联防是采用对位盯人与守区相结合，并与进攻队员基本上形成一对一的一种联防战术。在防守时强调根据自己的特点和进攻队的阵势部署形成相对的阵形，防守队员既要守区又要守人，并始终保持"一人一区，一区一人（指进攻队员）"的原则。本区无进攻队员时，要去控制附近的一名进攻队员，对持球队员和空切队员，均按盯人原则进行劫守。当进攻队的阵势改变时，防守队也可以改为相应的阵势。对位联防的发展使区域联防更具针对性、攻击性和综合性的特点，极大地丰富了区域联防的战术内容。

（二）区域联防战术的教学

区域联防战术是根据分区防守的站位队形而形成的，不同的战术阵型，其防守的作用有所不同，各有其自身优势和薄弱环节。因此，应全面学习和掌握各种不同阵型的防守方法，有针对性地运用才能更好地发挥区域联防的作用。

1. 教学建议

（1）区域联防教学应安排在人盯人防守及进攻人盯人防守之后，并与防守反击、快攻紧密结合。应以"2-1-2"区域联防为教学的重点内容，在此基础上学习其他的防守阵型。

（2）教学中，首先让队员掌握区域联防的基本原理，明确各种防守阵型、战术特点及运用方法；其次进行分区、局部的分解练习，待局部配合熟练后，再过渡到完整练习。

（3）练习时，先要求队员做随球移动选位练习，限制进攻队员的行动，可规定进攻队只能传球，不得突破和投篮。

（4）在队员基本掌握球在不同区域时的选位后，再在球动、人动的情况下练习如何防守无球队员的背插、溜底线与围守中锋的配合。

（5）然后在正常攻防状态下，练习集体防守配合，最后通过教学比赛巩固和提高战术质量。

（6）在教学训练中，要把抢防守篮板球和快攻反击纳入区域联防的战术训练中，提高队员完整的战术意识与攻守转换能力。

2. 教学组织

区域联防的教学内容主要有："2-1-2"区域联防、"2-3"区域联防、"3-2"区域联防和"1-3-1"区域联防。不同的区域联防有其各自的优势与薄弱环节，防守的重点与配合也有所不同，但防守方法有其共同点，可以"2-1-2"区域联防为教学的重点内容，在此基础上学习其他的防守阵型。

（三）区域联防战术的训练

1. 区域联防战术训练要点

（1）在训练中，要根据区域联防阵型、队员身高和技术特长，合理分配队员的防守区域，把快速灵活、善于抢断球、反击快的队员分配在外线防守区域，把身材高大、补防意识强、善于抢篮板球的队员分配在内线防守区域。一般情况下，保持小个子队员在外线防守，大个子队员在内线防守，如果换人出现以小防大的情况，尽量在外线，避免内线造成以小防大，否则就采用护送或轮转不换人的方法。

（2）在分工负责防守区域的基础上，强调五名队员必须协同一致，积极随球移动，集中加强对有球一侧的防守，兼顾远球侧，以防球为主，人球兼顾。根据情况，队员可以越区、越位防守。

（3）防守持球队员，按照人盯人防守的要求，积极地防守对手的投篮、传球和运球，严防从底线运球突破。

（4）防守临近球的进攻队员时，要抢占有利的防守位置，减少对手在有威胁的区域内接球。同时，还要协助同伴进行关门、夹击、补位等防守配合，对离球远的进攻队员要防止其背插、底线空切，还要协助防守篮下有直接威胁的进攻队员。

（5）当进攻队员采用频繁穿插移动，改变进攻阵型时，防守队员不仅要堵截其移动路线，还要针对进攻阵型，改变防守阵型。

（6）在训练过程中，要求队员要精神振奋，互相呼应，制造声势。训练中始终做到两腿弯曲，扬手探臂，积极协防，力争扩大防守控制面积，并要求队员积极拼抢球，一旦获球，立即快速反击。

（7）整体训练强化以球为主，随着球的转移，每名队员都要随球及时调整防守位置，随球的转移形成五人板块联动，保持联防的整体状态，对持球进攻者形成纵深防守，对无球队员形成控制性防守。体现联防的联动和整体性。

2. 区域联防训练方法

区域联防的训练应根据所选择的防守阵型，首先进行分解训练，在队员基本掌握各局部区域配合方法的基础上，其次进行完整的全队战术配合练习，最后在对抗中不断改进与增强队员之间的默契与配合度，在比赛形式下提高全队防守战术的应变能力。

（1）区域联防的分解练习。区域联防的分解练习重点使队员掌握各个局部区域的防守方法，加强邻近区域队员之间的协调配合，为学习与掌握全队区域联防战术方法打好基础。

（2）全队整体战术配合的练习。通过全队整体战术配合的练习，使队员掌握各种阵势的联防战术方法，改进配合质量，并能在比赛中运用。

二、进攻区域联防

进攻区域联防是篮球比赛进攻战术体系的组成部分，是在个人与两三人配合的进攻策略与方法的基础上发展起来的更为高级与强悍的全队进攻战术手段，其中蕴含着丰富的理论与实践内容，已受到各级球队的重视，并得到广泛的运用。

（一）进攻区域联防战术的概述

进攻区域联防是针对区域联防的特点、阵形和变化规律所采用的一种阵地进攻方法，是在个人与两三人配合的进攻策略与方法的基础之上发展起来的更为高级与强悍的全队进攻战术手段，是篮球战术体系的重要组成部分。

进攻区域联防常用的落位阵形有"1-2-2"阵型、"1-3-1"阵型、"2-1-2"阵型和"2-3"阵型，不同的进攻阵型是针对不同的防守阵型和本队的队员技术、位置特点而采用的。

进攻区域联防应贯彻快速进攻的指导思想，提高由守转攻的速度，力争趁对方未形成防守阵形时抓住战机发动快攻。快攻未成，进入阵地进攻时应针对区域联防的阵形，采用相应的进攻阵形。要清楚地认识到任何形式的区域联防都有其防守的薄弱区域，要善于利用这些薄弱区域发动攻击。确定进攻阵型的原则是根据进攻的点、面和本队队员的技术特点，合理部署队员占据其区域联防的薄弱区域，避免与防守队员形成一对一的站位，在局部区域形成以多打少的优势，并始终保持攻守平衡。

进攻区域联防战术方法的成功运用是建立在熟悉并掌握各种区域联防的特点和规律的基础上的，抓住区域联防的薄弱环节，明确攻击的原则和重点，有组织地进行针对性的进攻。这种战术往往是通过"球动""人动"来调动防守，打乱对方防守阵形，使防守顾此失彼，出现漏洞，创造以多打少和连续进攻的机会。因此，要多利用策应、溜底线、背插、掩护、突分等配合破坏防守的整体布局，创造良好的投篮机会；同时，加强内外结合，提高中远距离投篮命中率，扩大进攻区域、增加攻击点，迫使对方拉大防区，趁机组织中区策应配合，破坏联防的整体性，创造良好的进攻机会；篮板球争夺是进攻和防守的焦点，应该放到进攻区域联防的重要位置上，积极拼抢前场篮板球，争取补篮及二次进攻。

（二）进攻区域联防的教学

1. 教学建议

（1）进攻区域联防战术的教学内容应以"1-3-1"阵形落位进攻"2-1-2"区域联防为重点，在此基础上学习其他配合方法。

（2）教学时，应通过多种途径讲清楚全队进攻区域联防的战术阵形和配合方法，使学生建立完整的战术概念。

（3）从分区、分位练习着手，让队员明确各个位置上的进攻配合方法，然后进行全队的完整配合练习。首先在无防守或消极防守条件下练习，其次在积极防守对抗条件下练习，最后在教学比赛中巩固、提高。

（4）练习时，应根据本队的具体情况，确定进攻战术方法和队员的位置分工。

（5）在全队完整战术训练时，先练习运用传接球调动防守，创造以多打少的机会，再练习溜底、穿插移动，最后练习"球动"与"人动"的配合。

（6）在掌握进攻区域联防的战术方法后，应把快攻与阵地进攻结合起来进行练习，强调当快攻受阻，阵地进攻落位迅速，有步骤地组织进攻联防。

（7）为了让队员能够很好地明白进攻联防的区域位置和联防防守薄弱区域，可以先对区域联防进行教学，然后再过渡到进攻区域联防教学。

2. 教学组织

进攻区域联防的方法很多，应根据教学任务和形式的实际情况，针对不同的防守阵势选择好进攻阵型，在此基础上组织进攻区域联防的战术教学。

（三）进攻区域联防的训练

1. 进攻区域联防训练要点

（1）要重视进攻区域联防的落位布阵，合理选择进攻阵型。在训练中，应使队员明确落位的正确方法与合理性。掌握不同区域联防形式的薄弱环节。

（2）抓好由守转攻的反击意识与快攻的组织与配合能力的训练。

（3）有针对性地强化中远距离投篮，抓好背插、溜底、突分、策应等进攻配合的质量。

（4）在训练中，抓好传球转移，强调抢位接球，有目的的球的转移与有序的人的移动，做到"快、灵、准"的高度结合。

（5）要把抢篮板球纳入战术训练的安排中，重视拼抢篮板球与由攻转守的训练。

（6）要把分解练习与全队战术的完整训练有机结合起来进行练习，有目的地组织对抗性的练习，不断改进进攻方法，提高各个环节的配合质量与个人攻击能力。

2. 进攻区域联防训练方法

进攻区域联防的方法很多，但有其共同的特点，在训练中应根据本队的技战术特点，掌握多种进攻方法，针对不同的联防阵势合理运用。具体的练习包括以下内容。

（1）全队整体进攻战术：①"2-2-1"阵型落位，进攻"3-2"区域联防；②"1-3-1"阵型落位，进攻"2-1-2"区域联防。

（2）进攻"3-2"区域联防战术配合的分解练习。

（3）进攻"2-1-2"区域联防战术配合的分解练习。

（4）全队战术配合的攻守对抗练习。全队战术配合的攻守对抗练习是改进和提高全队配合的重要环节。练习中，发现问题应及时纠正，逐步提高对抗强度，逐步过渡到比赛实战。

在以上练习基础上可组织教学比赛，在实战中发现问题，及时解决，提高进攻区域联防战术的配合质量和运用能力。在攻守对抗过程中，明确战术配合要求，熟悉配合方法和行动路线。

第五节　攻守全场区域紧逼战术

攻守全场区域紧逼战术是篮球攻防战术的重要组成部分，也是体育院校篮球专修课全队战术教学训练的内容之一。

一、全场区域紧逼防守战术

全场区域紧逼战术是一项攻击性很强的防守战术方法，它兼有区域联防和人盯人防守两种防守战术的优点。全场区域紧逼战术的运用，集中体现了现代篮球防守战术的主动性、攻击性和整体性，是篮球比赛中防守获球及反击得分最迅速、最有效的战术方法和手段之一，也是区域紧逼防守战术体系中的主要防守战术方法。

（一）全场区域紧逼防守战术的概述

全场区域紧逼是指由攻转守时，防守队员在全场范围内，按照不同的分工各自负责防守进入该防区的进攻队员，并以一定的阵型把各个区域有机地联系起来，运用追堵夹击，主动出击，争取以多防少的优势而组成的一种全队防守战术方法。它是区域紧逼防守战术体系中的主要内容。

全场区域紧逼战术的运用，常常是在对方未防备的情况下，作为战术变化所采用，突然性很强，往往使对方措手不及，给对方造成不适，并使对方在防守的阻截和夹击中产生失误或违规而陷于被动。全场区域紧逼防守，是充分利用场地空间和对手展开对抗，具有较强的威慑性和攻击性。全场区域紧逼战术的合理运用，能有效地破坏对方的习惯打法，打乱对手进攻部署，有利于发挥本队队员的积极性和防守的主动性，对鼓舞本队士气、加快攻防节奏，创造更多的抢断球机会，掌握场上的主动权都具有积极的作用。

全场区域紧逼要求队员的个人防守能力要强、协防意识要好、速度快、反应灵敏，还要求队员具有坚强的意志、充沛的体力，同时对整体行动意识要求也很高，要求球队能在很短的时间内展开紧逼、追防、夹击、抢断等攻击行为，因此，在一般球队运用较少，多在比赛时间将至，比分落后且有望反超时使用。

全场区域紧逼防守是把球场划分为前、中、后三个区域，分别在不同区域进行有目的、有策略、主动性的攻击性防守。由于由攻转守时防守队员在各区落位的人数不同，防守的阵型也有所不同。全场区域紧逼的主要阵型有"1-2-1-1""2-2-1""2-1-2"等。运用中以"1-2-1-1"防守阵型为主，此阵型防守队员只要向前或后或左或右移动位置，就可根据比赛需要变化防守阵型。

全场区域紧逼防守战术主要防守力量相对固定地集中在它的前场，在前区积极紧逼和围堵，在中区制造夹击陷阱，在各个夹击区进行夹击，绝对不允许对方运球突破，力争夹击成功组织断球反击或造成对方的失误。

全场区域紧逼主要争夺的地区是前区和中区，对不同区域防守队员的防守能力具有不同的要求，特别强调要合理地部署本队的防守力量。

全场区域紧逼的防守重点是以防球为主，守区盯人，即根据球的位置和进攻队员的分布情况，既在区域中紧逼盯人，又在紧逼盯人中严守防区，以守区盯人为基础，主动向球进攻，不轻易让球超越自己的防区，强调"向球移动、控制中场、逼走边角、积极追堵、对球夹击"。防守中，主动出击以多防少争夺球，以少防多盯住人，有组织地破坏对方的进攻行动和配合。

全场区域紧逼防守有难点，由于落位部署需要一定的时间，因此，不能及时破坏攻守转换意识强的队的进攻，不利于控制对方和组织抢篮板球发动反击。

（二）全场区域紧逼防守战术的教学

1. 教学建议

（1）全场区域紧逼的教学，应强调由攻转守时，防守队员要根据确定的防守队形，在各自分工的防区快速落位，就区盯人。

（2）全场区域紧逼的教学应以"1-2-1-1"防守阵型为教学的主要内容。通过讲解、演示明确防守的落位及球在前、中、后场时的职责要求，建立完整的战术配合概念。

（3）当学生明确整体防守后，可按照前场、中场、后场的配合方法，进行分解练习，然后再进行各区域之间的衔接练习，最后进行全场或半场的完整练习。

（4）在对抗练习时，进攻速度可由慢到快，进攻方法可由固定到多变，逐步提高防守质量。

2. 教学组织

区域紧逼防守的攻击力之所以很强，是因为这种防守战术兼用了区域联防和人盯人紧逼两种防守战术的优点，并具有综合性、机动性和攻击性的特点，充分体现了现代篮球运动所提倡的积极、主动、攻击的防守理念。

（三）全场区域紧逼防守战术的训练

1. 全场区域紧逼战术防守训练要点

（1）全场区域紧逼是以不同的分工在全场范围所展开的集体防守，全队的整体行动尤为重要。因此，在训练中首先应加强防守的积极性强调统一行动，转换速度要快。

（2）训练中，强调队员的防守气势与作风，要用强大的声势压倒对方，造成对方慌乱而陷于被动。在训练中特别注意培养队员勇敢、顽强、敢打敢拼的意志品质和思想作风。

（3）对持球队员的防守是训练的重点，必须贯彻"控制中区，逼走边角"的防守原则，不断组织堵截夹击，近球区以多防少，远球区以少防多，积极移动，不断调整位置和协防展开攻击。

（4）在队员掌握了固定区域内固定队员落位后，可逐渐过渡到固定区域不固定队员的训练，提高由攻转守的灵活性和机动性，以便加快攻守转换速度。

（5）训练中要结合区域紧逼的特点和要求，提高队员的身体素质，特别是速度和耐力，同时要提高个人防守能力，加强抢球、打球、断球技术和以少防多、轮转补位等能力的训练。

2. 全场区域紧逼防守战术训练方法

（1）全队战术配合的分解练习。全队战术配合的分解练习是学习与战术训练的重要环节，它有助于队员熟悉与掌握战术各个环节与不同位置的配合方法与要求。

（2）全队整体防守配合的练习。全队整体战术配合练习是全队战术训练的重要环节，训练中首先应强化攻守转换速度，从落位布阵，到限制进攻，再逐步过渡到正常攻防中去，掌握整体配合方法，通过各种形式的对抗训练，提高战术配合的质量。

二、进攻全场区域紧逼防守

（一）进攻全场区域紧逼防守战术的概述

进攻全场区域紧逼防守战术是针对全场区域紧逼防守的薄弱区域，采取插空站位，抓住防守的薄弱环节，运用运球突破、中区策应、快速传球推进等手段组织的一种全队进攻战术配合方法。

进攻区域紧逼首先要沉着冷静，不要被声势所压倒，不要因对方的紧逼而造成慌乱和失误。由守转攻时争取在对方队员未到区落位展开堵截之前迅速发动反击快攻。由于全场区域紧逼是按一定的队形划区落位盯人，防守力量的配备总有薄弱的区域，它很难防守集中在一条直线的进攻阵型。因此，有针对性地组织快攻和抓住防守弱点展开进攻，要以最有效的方法将球推进到前场。进攻时，强调针对区域紧逼防守的规律，按"以快制逼，中路突破"的原则，可采取相应的回传跟进、转移攻向、运球反跑、中区策应、组织空切等方法组织进攻。进攻中做到要多传短、快球，少做长传球和高吊球，少运球，特别是向边角运球，更忌在边角停球，防止对方的堵截夹击。常用的进攻主要方法有以下几种。

（1）回传跟进：区域紧逼不轻易让球越过自己的防区，经常对持球队员组织夹击，向前的传球常被防守队员抢断。因此，进攻时应在对方夹击尚未形成之前将球传出。这就要保持一个队员处于球的后面，随时准备接应被夹击队员的回传球。"回传跟进"是在进攻区域紧逼中设置的"安全后卫"，是破坏夹击的有效方法。

（2）转移攻向：当采用"回传跟进"破坏了对方的夹击之后，进攻队应迅速组织向当时防守队形较薄弱的地区进攻，有目的地转移进攻方向，以突破对方的防线。

（3）远球反跑：为了配合迅速，安全地转移进攻方向，迫使区域紧逼防守做较大的移动，处于远球位置的队员应进行反跑，回来接应转移进攻方向的传球。

（4）中区策应：在进攻区域紧逼时，"中区策应"起着前后衔接左右呼应的作用，它不仅接应了转移后的传球，更重要的是联结前后场的进攻，使球迅速推进。同时位于中区，增多了传球出手的方向和路线。担任"中区策应"的角色，应当是速度快、技术全面、战术意识强的队员。

（5）组织空切："中区策应"后，防守无球队员者处于"球在背后"的境地，进攻队员应抓紧有利时机，组织空切，突破防守，在篮下附近形成以多打少的局面。

进攻区域紧逼战术方法的运用，应结合临场变化情况，灵活运用。例如，"转移攻向"不一定是转向最近的队员，根据临场情况，也可直接传给篮下的队员，或跑上来策应的队员。进攻方向的转移也可能由于防守的阻挠不止一次地转移。总之，要明确基本要求，掌握配合方法，提高战术意识，结合比赛实际情况灵活运用，才能取得较好效果。

（二）进攻全场区域紧逼防守战术的教学

进攻区域紧逼应根据区域紧逼的特点和本队的实际情况，有针对性地组织战术配合方法。

1. 教学建议

（1）进攻全场区域紧逼的教学与训练，应使学生明确区域紧逼防守战术的要求和优缺点，了解各种不同阵型的变化，有针对性地选择进攻区域紧逼防守的战术配合方法；合理地安排每名队员的战术位置，充分发挥特长，采取有效的全队进攻战术。

（2）在教学时，明确配合方法和自己的职责与任务。可首先在无防守的情况下，按全队的进攻战术路线，从掷界外球开始，熟悉战术配合路线，逐步掌握每个位置的战术方法，其次结合防守，进行球在前、中、后场不同位置的分解进攻练习和衔接，然后逐步过渡到进行全队战术的完整练习。最后在积极防守条件下及教学比赛中，改进和提高战术意识，熟练掌握全队战术配合方法。

（3）在教学与训练中要强调趁对方尚未按阵形落好位之前立即发动快攻，并利用对方将要形成有组织的夹击之前，迅速转移进攻方向，抓住其阵型变化的空当，快速使球传越对方的防线。

（4）应在学会全场区域紧逼防战术的基础上，再安排进攻全场区域紧逼防守的教学与训练，把防守与进攻结合起来。可由复习1-2-1-1全场区域紧逼防守开始，按前、中、后场的顺序，结合球在不同位置时，防守队形的变化，边示范边讲解如何应用进攻区域紧逼防守的战术要求。把前、中、后场的进攻配合连接起来，形成全队的进攻战术。

（5）通过战术分析、教学训练和比赛的实践，加强心理训练，克服队员在全场区域紧逼时容易出现的恐惧心理，强调在进攻中保持冷静的头脑。

2. 教学组织

进攻全场区域紧逼防守战术的方法较多，教师应根据教学任务及学生的实际情况，有针对性地设计与选择好具体的进攻方法，可以进攻全场"1-2-1-1"区域紧逼为主要教学内容，在此基础上，学习其他进攻方法。

（三）进攻全场区域紧逼防守战术的训练

1. 进攻全场区域紧逼防守战术训练要点

（1）全场区域紧逼是整体性很强的防守战术方法，强调防守的气势与精神。在进攻区域紧逼防守的训练中，应重视队员的心理训练，强调沉着冷静，统一思想、统一行动。

（2）要强化由守转攻的转换意识与转换速度的训练，要使队员充分认识全场区域紧逼的防守规律，明确进攻全场区域紧逼的基本方法与特点。

（3）在训练内容与练习方法的选择上，有意识地结合快攻与抢攻的训练，加强快速反击和前后场的衔接训练，明确接应点和战术的机动变化，有重点地组织进攻全场区域紧逼战术的训练。

（4）针对区域紧逼防守的特点，应把后场球如何快速安全推进到前场作为训练的一个重点；无论是选择何种进攻方法，针对区域紧逼"逼球走向、死球夹击"的防守策略，应把"中路突破、中区策应"作为训练的重点内容；强调球的快速转移与向前推进。

（5）在训练中要求队员沉着、冷静，克服紧张急躁情绪；不断提高队员个人控制球的能力，强调快跑快传，多短传，少运球，空切跟进，中路策应，边角不要停球，全队注意呼应。

（6）在训练中，要重视队员的观察与协作能力的培养；把既定方法与机动进攻结合起来，强调进攻原则与基本要求，充分调动队员的主观能动性，培养良好的战术素养与配合意识。

2. 进攻全场区域紧逼防守战术训练方法

（1）全队战术配合的分解练习，具体的练习包括以下几点。

① 后场二夹一摆脱接球练习；

② 提高后场控球能力的练习；

③ 全场快速插中策应、空切配合的练习；

④ 全场回传跟进两人传切练习；

⑤ 后场掩护接发球的练习；

⑥ 五人由守转攻的跑位配合练习；

⑦ 后场与前场衔接练习；

⑧ 全场反跑、传切与策应配合练习。

（2）全队整体战术配合的练习。全队战术配合的整体练习是掌握全队战术方法的重要环节，训练中首先应强化攻守转换速度，从落位布阵到无人防守到消极防守，再逐步过渡到正常攻防中去，逐步掌握整体配合方法；通过各种形式的对抗训练与比赛实战，提高战术配合的质量。

第八章　篮球运动员的心理训练实践

心理训练是指有意识、有目的地对运动员的心理过程和个性心理特征施加影响的过程，其目的是使运动员的心理产生最适宜运动训练和运动竞赛的变化，具有自我动员、自我调节和自我控制的能力。篮球运动员的心理训练是适应现代运动竞赛的需要而发展起来的。本章主要从篮球运动员的动机、篮球运动员的注意力、投篮的心理训练、防守的心理训练这四方面来介绍篮球运动员的心理训练。

第一节　篮球运动员的动机

一、动机的内涵与功能

（一）动机的内涵

动机是在自我调节的作用下，个体使自身的内在要求（如本能、需要、驱力等）与行为的外在诱因（如目标、奖惩等）相协调，从而形成激发、维持行为的动力因素。动机具有方向和强度两个维度。方向与一个人目标的选择有关，即人为什么要做某件事；强度与一个人激发的程度有关，即为了达到某一目标，人正在付出多大努力。动机是个体的内在过程，行为是这种内在过程的结果。所谓运动动机，是指在自我调节的作用下，运动员个体使自身的内在要求（如本能、需要、驱力等）与行为的外在诱因（如目标、奖惩等）相协调，从而形成激发、维持参与运动行为的动力因素。

动机的性质是多种多样的。不同性质的动机对人具有不同的意义，使人具有强度不同的推动力量。行动的方式、行动的坚持性和行动效果，在很大程度上受动机性质的制约。同样，篮球运动员良好的运动动机包括的内容也是多样的。例如，深信自己具有广阔的发展前景，相信通过艰苦的训练能达到较高的运动水平；使自己在获得成绩时能够稳定地定向，保持心理稳定状态；树立集体荣誉感，使自己能与运动队所有的队员建立起良好的关系，从而使运动队成为一个团结的集体等。

（二）动机的功能

人的行动总是由某种原因所激发并指向一定的目标或方向的。这种激发行动赋予行动以方向性的动力过程，就称为"动机功能"。运动动机对篮球运动员参加训练起着激发功能、指向功能、维持和调节功能。

1. 激发功能

人的行为都是由一定的动机引起的，篮球运动员不会无缘无故地到篮球场进行训练。当他们从事篮球训练时，表明他们内心中一定产生了想要训练的愿望。当愿望达到一定强烈的程度时，就成为一种心理动力推动运动员行动起来，投入到篮球训练中，使运动员由静止状态转向活动状态。这就是运动动机对篮球运动员参与运动训练的激发功能。

2. 指向功能

运动动机不仅能激发篮球运动员的运动行为，同时还能使运动员的运动行为具有稳固而特定的内容，将行为指向一定的对象或目标。例如，同样是在进行篮球训练，有的运动员侧重控球能力的培养，有的运动员则侧重投篮命中率的提高。这些差异都是运动员运动动机的不同造成的。

3. 维持和调节功能

个体的行为通常要指向预定的目标，而预定的目标需要经过一系列的阶段性目标才能达到。篮球运动员在完成系列目标的过程中，运动动机对行为不但起激发、指向的作用，还能维持和调节运动员活动的强度和持续时间，保证行为有序进行，最终使行为达到预定目标而不发生偏离。

良好的运动动机对篮球运动员的运动行为具有积极的推动作用，因此，应当培养和激发运动员正确的运动动机，使运动动机的促进作用得到充分发挥。同时还应认识到运动动机对运动员行为的影响是复杂的，不适宜的动机会对运动员的运动行为产生不利影响，教练员在平时的训练过程中应当对运动员运动动机的性质与强度做出准确的判断，当运动员出现不良运动动机时，及时地进行调控，以促进运动员更好地进行篮球训练。

二、篮球运动员动机的培养策略

（一）合理运用强化手段

强化是指当篮球运动员出现可接受的运动动机时，给予奖励或者撤除消极刺激的过程。正确的强化是主要从外部刺激动机的方法。如果运用得当，强化不仅可以激发篮球运动员的外部动机，也有利于篮球运动员内部动机的培养；如果运用不当，则可能既破坏内部动机又破坏外部动机。强化作用可分为两种，一种是积极强化；另一种是消极强化。

积极强化是指篮球运动员出现特定的行为时及时给予奖励。这些奖励既可以是精神奖励（如教练员的微笑、表扬等），也可以是物质奖励（如奖杯、证书等）。消极强化是指通过撤除消极的结果来鼓励篮球运动员的特定行为。例如，在篮球教学比赛前，教练员规定负方罚跑 2 000 米，但是比赛结束后由于负方队员表现出色，教练员决定免去罚跑，这种强化就是消极强化。在教学训练中，教练员应合理运用强化手段，以便更好地培养和激发篮球运动员的运动动机。

进行强化时应注意以下原则。

（1）明确规定应获奖励的行为、奖励的条件及奖励的标准。例如，在篮球教学比赛中规定，谁如果在全场比赛中抢到规定数量的篮板球，则下次训练课就可以自选准备活动或带全队做准备活动。

（2）最好对达到标准的良好表现进行没有规律的强化（奖励）。

（3）鼓励运动员间的相互强化。

（4）奖励不能过量，不能让运动员感到教练员正在企图控制他们的行为。

（5）应使运动员懂得，奖励不是最终目的，它只是能力、努力和自我价值的标志，这有利于加强内部动机。

（二）帮助运动员树立切合实际的目标

在运动员的动机系统中，目标作为诱因，是较稳定而持久的重要因素。目标设置直接关系到动机的方向和强度。正确、有效的目标可以集中运动员的能量，激发、引导和组织运动员的活动，是行为的重要推动和指导力量。合理的目标设置可以激励运动员产生更好的任务表现。教练员应帮助运动员树立切合实际的训练目标，让他们的训练具有明确的目的和任务。目标的树立既包括长期目标的设立，也包括近期目标的设立。

长期目标具有一定深度的诱因，它要求运动员对未来做更远的考虑。通过长期目标的设立，可以鞭策运动员不断朝这个目标努力。通过近期目标的设立，可以督促学生运动员踏踏实实地提高自己的技战术水平，最终实现长期目标。在制定目标时，教练员要根据运动员的现有水平来制定。在设置目标时必须考虑到运动员对目标的完全接受和认同，应设置经过努力可以实现的目标。

班杜拉认为，人的自信心受四种因素影响：过去成功的经验、对别人成功的了解、自我劝导及对自己当前生理状态的解释。其中最重要的就是第一点。成功就是目标的实现，运动员所达到的目标越多，所体验到的成功感就越强，自信心也就越强。阿特金森的研究表明，目标定的难度在成功确切率的 50%以下时，训练成绩最好。

可见，目标定得过分容易，参与者的活动动机就会降低；相反，目标定得过高，再努力也难实现，目标失去了诱因的作用，动机也就无从激发。因此，将长期目标转化为现实的、具体的中期目标和短期目标对篮球运动员来说是极其重要的。运动员的训练目标越明确，努力的方向就越清晰，进行篮球运动训练的动机也就会越强烈。

（三）向运动员提供积极的反馈

篮球运动员在篮球训练中能够及时获得反馈信息，了解自己的技术水平、体能和健康状况的提高情况，有利于他们进一步激发参与篮球训练和比赛的动机。因为运动员看到了自己的进步，会增加篮球训练与比赛的热情，增加努力的程度；如果看到自己的不足，会激起不甘落后、迎头赶上的上进心。

篮球教练员对运动结果的积极反馈，有利于强化运动员的运动动机。研究表明，应该不断地使他们感觉到自己的努力是有效的，并不断给予他们成功的反馈。积极的良性反馈，可以让运动员看到自己锻炼的结果和进步，有利于增强自信心，提高锻炼的自觉性，找准努力的方向，使他们努力坚持下去，不断取得进步。而且，及时的反馈能使运动员了解自己的弱点与不足，从而主动克服缺点，为争取好成绩而积极努力。

在篮球教学中，反馈的形式多种多样，如社会性评价、象征性评价、客观性评价、标准性评价等。在对运动员的篮球训练和比赛提供反馈和评价时，教练员往往要根据运动员的进步或退步情况给予表扬或批评。表扬和批评都是以促进运动员的努力和进步为目的的。在多鼓励、严要求和适度批评时，要力争做到表扬每名运动员的每一次进步，强化每一次努力；要针对不同年龄、性别和能力的运动员进行表扬和批评。例如，对经常受表扬的运动员，要适当地指出其不足，对能力较差的运动员要通过及时表扬他们某一方面的点滴进步给予鼓励；要"对事不对人"，尤其是将表扬和批评的重点放在运动员是否努力上，放在行为表现上，放在是否有所提高上；要树立运动员的评价标准，使他们逐步做到自我表扬和批评；要了解运动员对所受的表扬与批评的理解和评价，如果运动员对表扬和批评并不在乎，表扬、批评多了就不起作用了，如果运动员将表扬和批评作为对自己的一种鼓励和帮助，则具有积极的效果；要公开表扬，私下批评，理智、慎重地使用惩罚，如能启发运动员自我寻找成功或失败的原因，启动他们的内部动机调控机制进行反思，则能将动机的外部控制转化为学生本身的任务定向的内部控制。

运用反馈原理激发和强化运动员的运动动机，要坚持从运动员的实际出发，以鼓励性评价为主。特别是对那些运动能力稍差的运动员，要从他们的基础出发，发现运动员的点滴进步要及时予以表扬，即使对运动员进行批评也应该用诚恳的、积极的、建议性的语言，告诉运动员改进措施及努力方向，激励运动员参与篮球运动的积极性。

（四）给予自主权和培养责任心

给人以控制自己生活的权利，可以增强动机、提高成就、促进责任感和自我价值感的发展。在篮球运动中，教练员对训练和比赛所做的安排往往是比较适合于运动员发展的。然而，最了解运动员情况的，莫过于运动员自己。一旦运动员学会了如何自己设置训练计划，掌握了做出正确决策的方法，他们可能制订出更好的计划，可能有更强烈的责任心去执行自己制订的计划。

篮球教练员应根据运动员的能力和水平，在有组织的范围内下放权力，培养篮球运动员的责任心、自觉性及在有限条件下做出正确决策的能力。这样不仅能培养和激发运动员的内部动机，而且会使运动员在将来的生活和工作中受益。然而，在下放自主权的过程中应注意以下问题。

（1）根据运动员的能力和水平，有选择地下放自主权。

（2）放权后耐心帮助运动员进行决策，不要急于求成，过分指导。此时，篮球教练员应该花些时间同运动员一起讨论决策的方法和决策中应注意的问题，并让他们了解自己过去曾做出的一些决策的原因。同时，应允许运动员在决策中出错，出错时要帮助他们从中吸取教训，待运动员对他们的责任习惯后，错误自然会减少。不适当的过分指导，往往会损害运动动机，因为这样做实际上剥夺了运动员学习自我调整、自我做出决策的机会，而且，运动员也很难一次改正很多错误。

（3）篮球教练员应具有移情心。移情心是一种理解运动员情感和态度的能力，一种会站在运动员的角度来观察思考问题的能力。这种能力会在教练员和运动员之间创造一种信任感。篮球教练员应充分理解运动员在训练和比赛中所面临的困难和挫折。

（五）提高运动员的自我效能感

自我效能是指一个人对自己能否成功地完成一项任务所持的信心和期望，或者对自己成功地完成一项任务所具备的潜能的认识。自我效能是促进篮球运动员运动动机的重要因素，自我效能高的运动员，参与篮球训练的动机也较高，反之则低。

篮球运动员的自我效能与他的失败经历有关。教练员应正确对待运动员遭受的挫折与失败，最大限度地减少挫折与失败对运动员造成的负面影响，强化运动员的自我效能。强化自我效能还应注意把握好尺度。对于骄傲自满或盲目自信的运动员，教练员可以在教学和训练过程中增加动作难度，使运动员重新认识自身条件，认真反思并调节自身行为，促进其心理机制的健康发展。对于内向自卑、运动成绩较差、表现欲望较低的运动员，教练员应更多地运用成功激励调动这类运动员的训练积极性。

第二节　篮球运动员的注意力

在篮球训练中，运动员经常会出现不能集中注意力而导致注意力分散的现象。那么，运动员注意力不集中的原因是什么呢？在训练时教练员又该如何解决这个问题呢？

一、造成运动员注意力分散的主要原因

在篮球训练过程中，造成运动员注意力分散的原因是多种多样的，既有客观的原因，也有主观的原因。

其中，客观原因主要为：无关刺激的干扰、学习内容枯燥、训练方法单一，以及教练员对运动员注意力的调控能力差。主观原因主要为：意志消沉、情绪的急剧波动、逆反心理或冷淡态度，以及寻求注意和承认。

二、运用注意力规律组织篮球训练

在篮球训练过程中，气候和环境复杂多变。许多外在和内在的无关刺激不断干扰着运动员的正常训练，很容易导致运动员注意力的分散。运动员只有注意力集中，才能全神贯注于教练员的讲解和示范，领悟才能迅速，印象才会深刻。如果教练员在教学过程中能有效地运用注意规律来组织教学，教学活动就能更好地进行下去，训练效果也会得到进一步的提升。

1. 运用无意注意的规律组织教学

（1）有效预防刺激因素的干扰。篮球教练员在组织教学时，在教学环境方面应尽量避免各种与教学无关的刺激影响，保持一个安静的教学环境。外界的无关刺激物随时可能出现，刺激物之间的任何显著差异都容易引起运动员的注意。在课前，教练员应精心布置场地与器材；讲解动作时，语言要生动形象、富有激情；运动员一旦出现注意力分散的现象，及时对其进行提醒，引导运动员集中注意力。

（2）制定符合学生实际的教学内容。篮球教练员在制定教学内容时，应充分考虑运动员已有的知识经验。凡能满足运动员的需要、激发运动员的情感、符合运动员年龄特征和个性倾向的事物都能吸引运动员的无意注意。教材内容的安排要循序渐进、力求新颖，并具有一定的思想性、科学性和娱乐性，必要时可以通过一些篮球游戏的形式来使运动员产生兴趣，引起注意。

（3）合理安排运动负荷，防止过度疲劳。在篮球训练中，身体练习对运动员的生理和心理产生的刺激或压力的总和就是运动负荷。教练员应根据运动员的年龄和心理活动变化规律，来把握每节课的运动负荷。运动负荷过小，就不会起到良好的训练效果。若片面追求高强度、大负荷的训练方式，不仅容易导致运动损伤，更容易使运动员因运动负荷过大而产生疲劳，从而产生厌倦心理，使注意分散，影响训练效果。

2. 运用有意注意的规律组织教学

（1）使运动员明确训练的目的和任务。有意注意是一种自觉控制的注意，它服从于一定的目的和任务。篮球运动员对训练的目的和任务越明确、越深刻，有意注意的能力就越强。在教学过程中，教练员应提出具体的目的、要求、内容及具体方法，让运动员切实地感受到集中注意对完成训练的重要性，并懂得如何正确集中自己的注意，以此提高篮球训练的效果。

（2）培养运动员的间接兴趣。注意与兴趣密切相关。间接兴趣是指对活动结果和意义的兴趣，它可以引起和维持运动员的有意注意。例如，篮球运动员在进行身体素质练习时，素质练习本身是枯燥和艰辛的，难以引起运动员的直接兴趣。但运动员对素质练习的结果却是感兴趣的，这就促使运动员始终保持着有意注意的较高水平，训练中就会更加积极和主动。因此，教练员应注重培养运动员的间接兴趣，以便引起和维持运动员的有意注意。

（3）加强组织纪律和课堂常规教育。在篮球训练过程中，运动员自觉遵守组织纪律是集中注意的重要条件。运动员的纪律性越强，有意注意持续的时间也就越长。运动员的组织纪律性是在长期的学习与训练中培养起来的。篮球教练员在平时的教学训练中，应重视对运动员进行组织纪律性的教育，使运动员在训练中严格按照要求去做，养成良好的训练习惯。

（4）培养运动员良好的意志品质。在篮球训练中，运动员的有意注意常常会由于无关刺激的干扰，或者注意对象的枯燥，而产生分散。此时运动员就必须通过坚强的意志努力去排除内外的干扰，将注意力集中在与篮球训练有关的因素上。因此，在平时的篮球教学过程中，教练员要注重对运动员进行意志品质的教育，使运动员以坚强的意志与困难和干扰做斗争，以保持训练时的有意注意。

3. 运用无意注意与有意注意转换的规律组织教学

运动员在篮球训练中，既需要无意注意的参与，也需要有意注意的参与，二者不断地交替参与是注意的正常状态。如果只依靠无意注意，会使教学活动缺乏目的性和计划性；若过分依靠有意注意，则容易造成运动员疲劳和注意的分散。这就要求教练员要善于利用无意注意与有意注意的转换规律来组织教学。

在教学过程中，教练员要使学生对学习目的有明确的认识，逐渐引导他们对学习内容本身产生深厚的兴趣，并在必要时引导他们强化注意。在教学组织上，要力求生动、紧凑、合理而有节奏，教学方法要灵活多样，使每位运动员都能投入到紧张而有序的练习中，减少分散注意的机会。根据注意的变化规律，篮球训练时注意曲线有逐步上升、相对稳定和逐步下降三个阶段。因此，在训练课开始时，教练员首先应通过集中注意练习，引起运动员的有意注意；然后让运动员对准备活动的内容产生兴趣，产生无意注意；当运动员在训练中遇到困难而丧失信心时，又要通过鼓励的方式使运动员由无意注意转入有意注意；在篮球训练的结束部分，教练员要适当调整运动员的运动负荷，使用一些放松的手段使运动员由有意注意转入无意注意，以调节机体、消除疲劳。

总之，在篮球教学过程中，教练员要善于利用无意注意规律、有意注意规律、有意注意和无意注意相互转换的规律来集中和保持运动员的注意力。这不仅对指导运动员的学习与训练起到非常重要的作用，而且能更好地提高篮球训练的效果，完成篮球教学任务。

在篮球训练中，注意伴随着一切心理活动的始终，是组织和发展运动员智力水平的重要因素。注意的不同类型及注意的不同品质，在篮球训练与比赛中会发挥不同的作用。通过分析造成运动员注意力分散的原因，利用注意的规律来进行篮球训练，必将促进篮球运动员训练水平的提高。

三、进行专门的集中注意力的心理技能训练

注意力在篮球运动员学习和掌握运动技能的过程中起着十分重要的作用。根据运动员的个体差异对他们进行专门的技能训练，可以有效地提高运动员的注意力，从而达到完善运动技能、提高运动成绩的目的。

1. 排除内外消极干扰的训练

有些篮球运动员在比赛期间，很容易受到外来事件或内在消极想法的干扰，从而影响临场发挥。一种有效的方法就是将这些事件或想法利用自我暗示的形式，将它暂时搁在一旁，以便集中注意力去比赛，待比赛结束再来处理它。在训练时，可以要求运动员先将这些事件或消极想法记录在纸上，然后将记录放下，待训练结束后，再回去把记录取出并加以处理，这种方式熟练后，便可应用在实际比赛中。

2. 想象将"失败"转变为"成功"的训练

有的篮球运动员常常会在发生失误后无法集中注意力，面对这种情况，我们通常采用的方法是训练运动员把失败转变为成功。这是一种认知转变训练的方法，当发生失误时，运动员随即想象相同的成功动作，而不要反复挂念在失误上。当在口头上或心理上反复叙述自己为何失误时，此时亦等于正在进行"视动行为演练"，正在想象自己再一次重复错误的动作，而这种想法严重地影响到之后的动作表现。因此，篮球教练员可以鼓励运动员在他们失误时，避免一再地谈论失误的情景，而应该在脑海中想象下一次完美的动作，以提高以后的运动效果。

3. 自我谈话

积极的自我谈话是帮助保持注意集中、营造积极心态的训练方法。在比赛不顺时或高挑战情境下，人们常会出现自我贬抑的一些想法。此时，停止消极思想，用积极思想来避免注意力陷入过多的内心分析中是必不可少的。积极的自我谈话的特点包括鼓励自己、全力以赴，关注每一个子任务和目标，

保持积极的氛围。

积极的自我谈话包括以下步骤：① 用积极的自我谈话取代脑海里出现的消极谈话，在内心集中注意，同时对唤醒水平做出一些调整；② 在小范围内从外部把注意集中于和任务有关的线索上；③ 一旦有了注意控制的感觉，就立即完成运动技术。

4. 模拟比赛情境并设置比赛行动方案

模拟比赛情境是一种运用图像和言语模拟来帮助运动员适应新环境，集中注意力，减少分心因素干扰作用的方法。在比赛时，观众、裁判员、工作人员、对手等外界分心物与运动员的自我担忧、不安等内部分心物一起影响着他们的运动表现。模拟比赛中的各种情景可以让运动员从身体和心理上形成习惯。研究发现，成功的运动员很强调模拟训练在他们平常训练中的重要性。设置比赛行动方案是帮助运动员做好比赛准备，将注意力放在比赛全程的每一个环节上的一种方法。这种方法的重点是要求运动员聚焦当下，并强调过程目标。研究发现，设置比赛行为方案对提高运动员的注意集中技能很重要。在设置比赛行动方案时，要充分利用过去常用的例行动作，例行动作可以增加运动员在表现前或表现中不被内在或外在分心物影响的可能性。

第三节 投篮的心理训练

一、投篮的表象训练

（一）表象训练在投篮中的动作运用分析

1. 通过建立和回忆动作表象活动促进技能的形成

由瞄准点、手指手腕及全身协调用力，出手角度及速度、球的旋转及飞行抛物线、入篮角度等组成投篮技术动作，其动作技术环节十分抽象，尤其对初学者而言，很难在短时间内提高投篮命中率，如仅采用常规的教学方法，只能使肌肉活动占优势，大脑活动却受限制，尽管不断重复同一动作，但动作过程中肌肉的感觉并不十分清晰，动作表象也不完整，要领不清楚，因而很难有好的教学效果。而采用表象训练时，可以在动作技能练习过程中通过主动、有意识地建立和回忆动作表象活动来促进运动技能的形成；同时，根据练习的具体情况进行讲解示范，帮助练习者在头脑中建立清晰的动作表象时，也不能过多地注意动作细节，示范也不宜太快，以便把视动觉的中心指向动作要点上。这样就可以避免和防止初学者对示范讲解被动接受，调动初学者学习的积极性，启发初学者的思维，培养初学者的创新精神，巩固和完善技术动作，加快正确动力定型的建立，进一步提高投篮动作技术的准确性和各肌肉群用力的协调性，增加投篮命中率。

2. 使正确的技术动作得到强化

要想尽快使初学者掌握动作技术，首先要在初学者大脑皮质中建立正确、清晰的动作表象；然后将大脑皮质贮存的动作表象信息转变为神经冲动，再传至效应器，做出正确的投篮动作。应采用表象训练法通过对投篮技术动作在大脑中的反复回忆，使正确的技术动作得到强化。当错误动作出现时，根据初学者的练习情况采用整体示范与分解示范相结合、放慢示范速度、放映幻灯片、讲练结合等多种表象训练手段，使初学者体验肌肉的用力感觉，有效调控参与投篮和支配各肌肉间的缩舒活动，建立正确的视动觉表象，有利于加速形成正确的动作技术。

3. 使初学者有更多的练习机会

表象训练法使初学者有了更多的练习机会，特别是能静下心来在大脑中回想投篮动作过程，同时对投篮某个技术环节进行练习，纠错的随意性和可控性大大提高。例如，压腕拨球练习是提高投篮命中率的关键因素，学生通过表象训练后，手指、手腕部位的小肌肉群力量得到了发展，手指、手腕部位的协调用力控制能力更加精确，同时也带动与其相关的大肌肉群正确用力的协调性，这对于投篮的瞄准也具有很好的辅助性效果。通过压腕拨指力量的大小来控制篮球的飞行高度，练习投篮手型，增强手指、手腕肌肉的本体感觉和提高投篮时篮球出手的角度与弧度的准确性，使球在空中飞行呈向后旋转和形成适合进篮的最佳抛物线，从而使投篮的命中率提高。

4. 有利于形成正确的投篮动力定型

在表象训练过程中，教练发现初学者做出较理想的投篮技术动作时，立刻让学生小结，并建议学生默念整个动作要领和想象各个动作技术要点及完成动作时的情绪体验，使整个动作过程在头脑中形成更加清晰的印象，这有利于形成正确的投篮动力定型。

（二）表象训练在投篮教学中的应用

1. 建立正确的投篮动作表象

上课时由教师对投篮动作进行讲解、示范，并以挂图、幻灯片、录像等多媒体手段，帮助初学者建立正确的投篮技术动作表象，在对该技术动作进行模拟和练习的基础上，要求初学者用自己的语言对所理解的投篮动作加以描述。

2. 建立"表象—动作"的映射关系

练习中要求初学者在大脑中有意识地再现正确的投篮动作图像，并与自己的这一技术动作建立主动的联系和对照，找出自身的差异和不足之处，使自己的动作逐步向表象逼近，产生正确的动作定型效应。

3. 建立"表象—动作—思维"的训练程序

针对投篮技术受心理因素影响较明显的特点，表象训练法要求初学者在训练中从实战的角度建立一套适应自己身体特点的训练程序，融表象、动作和思维于一体。其要点是对动作的全过程进行"过电影"式的连贯想象，力求完整、细致、准确；注意体验投篮时与这一动作相伴随的内心图像，以及相关的生理反应；运用思维的能动性去协调心理活动与投篮技术动作之间的关系，调动尽可能多的心理和技术能量去提高投篮命中率。

二、罚篮的心理训练

罚球是投篮技术的一部分，在完全没人防守的情况下直接投篮得分，其命中率高于攻守对抗中的跳投。但由于比赛的性质、对手和观众的不同，球员承受着外界的压力，这使他们出现各种心理反应，特别在双方球队实力均等的情况下，由罚球来决定比赛结果的时候，球员所要承受的压力就可想而知了，所以罚球时如果不进行有效的自我调节就会导致命中率的下降。

（一）罚篮的心理问题

比赛中能否发挥高超水平，达到最佳的竞技状态，获得最好的竞技成绩，取决于身体素质、运动技术、心理素质三大要素。其中，身体素质是保证动作质量的物理基础，运动技术水平是基本条件，而心理素质是使两者能充分发挥作用的内部动力。有分析认为，低水平运动员罚球的成功率30%属于心理因素；而高水平运动员罚球的成功率70%属于心理因素。活塞队主教练认为，心理活动直接影响罚球的效果。罚球的心理问题集中在以下五个方面。

1. 调节与控制焦虑紧张情绪的能力弱

紧张焦虑情绪是在实际活动中由于缺乏应对或适应可怕情境的力量或能力而引起行为失控的一种情绪体验，这种情绪往往是由运动员对比赛的胜败过分担心造成的。比赛过程中出现紧张焦虑情绪，也与比赛的性质、规模、竞赛对手的强弱有关。运动员罚球时紧张焦虑，会出现呼吸急促、手颤脚抖的现象，使投篮动作变形而导致罚球不中。

2. 注意力不集中，产生不适宜的兴奋

罚球时，罚球队员成为全场的焦点，来自场上或场外的各种干扰很多（如观众的呐喊、对手的挑衅等），极易使注意力分散，从而使罚球命中率下降。兴奋水平过高或过低都不利于罚球，兴奋性过高时表现为急躁，易激动，处处想表现自己，罚球也不能静下心来而仓促出手；而兴奋水平过低时，则表现为对比赛冷漠，身体软弱无力，用无所谓的态度去进行罚球，从而影响罚球。

3．内在心理因素

（1）缺乏自信。自信心是发挥运动能力的重要因素之一。球员在罚球时没有足够的心理准备，缺乏自信，容易产生心理活动过程的混乱，特别是在罚球决定胜负的情况下，更能表现出畏缩害怕的恐惧心理。如果在关键时刻进行罚球，由于自信心不足，从而导致紧张、慌乱和自我控制能力差的心态，使肌肉紧张和技术动作不协调，最后造成罚球命中率下降。因此，自信是罚球的重要条件之一，也是罚好球的前提。

（2）焦虑情绪。运动员在比赛过程中出现紧张焦虑情绪，多为心理素质差的表现，这和一个人对行为所产生的后果的理解有密切关系。另外，也与观众形成的特殊气氛、比赛的性质规模、竞赛对手能力有关。尤其是关系到个人和集体荣誉的时候可能导致自己情绪紧张、动作失调。平时训练有素的运动员，在比赛时经常产生良性情绪。这种情绪体验能增强运动员的信心和斗志，提高克服困难的信心；而缺乏比赛经验的运动员，不能正确反映和预测环境的变化，产生各种精神负担，从而引起情绪紧张，造成自己技术动作的失调。在罚球过程中，出现呼吸不均、手颤、本体感受器失调等现象，结果导致罚球失败。

（3）体能消耗。在激烈的篮球对抗比赛中，体能的消耗和水分的流失，都会出现疲劳和体力不佳的情况，导致罚球动作的变形和节奏的不连贯，而这些问题的出现都会影响到罚球的命中率。特别在第四节关键比赛中，每个球员体能都有一定的消耗，那时就看队伍平时体能训练的效果好坏，这有可能决定比赛的胜负。

4．外在因素

（1）外界干扰。这里所说的外在环境，是指球场以外的一切能够干扰球员发挥的因素。例如，罚球时观众的呐喊声和让人眼花缭乱的气球棒、给球员带来各种倾向性和刺激性的声音等，让球员不能在短时间内集中注意力进行罚球。还有裁判员的因素，有些球员的情绪容易受裁判员水平高低的影响，裁判员的误判、漏判、错判等，很容易引起球员的不满、愤怒等消极情绪。这些因素都间接影响到球员罚球时的效果。

（2）队友和教练的期望。在关键的罚球时，队友和教练的期望往往形成一种无形的压力，这种压力会在你脑海里不断出现，间接影响到罚球时的情绪。比赛前教练对每位球员的指标定位过高、期望值太大也容易造成球员背着心理包袱进行比赛。有些球员在比赛中很在意教练员对自己的评价，在比赛中教练员的语言、态度、身体形态等都将影响到运动员的情绪。这些因素都给运动员造成紧张的气氛，影响到球员罚球水平的正常发挥。

5. 技术因素

罚球技术动作不规范。罚球时由于运动员投篮的技术动作不规范导致罚球失误，主要表现为：① 持球手法不正确，五指没有自然分开，用手心托球；② 肘关节外展，致使上肢各关节的运动方向不一致；③ 投篮时，上下肢配合不协调，导致投篮动作脱节；④ 双手投篮时，两手用力不一致，伸臂不够充分。

投篮有附加的多余动作，如前上步、侧跨步。由于多余的动作增加了投篮动作环节，影响了出手瞬间的身体平衡，导致罚球不中。

（二）罚篮的心理训练方法

1. 模拟训练法

模拟训练法是指模拟和有意设置某些在正式比赛中可能出现的情景和条件而进行训练的方法。在平常的罚球训练中，同伴可以在一旁起哄、呐喊或做一些动作来模拟比赛场景，或是在教学比赛结束前比分接近的情况下有针对性地进行罚球练习，以培养队员罚球时抵御各种外界刺激和干扰的能力。另外，在疲劳状态下进行罚球练习，例如，在较为剧烈活动后或完成一次大强度的练习后罚球，可以提高队员克服疲劳进行罚球的能力。

2. 注意力训练法

注意力是人心理活动对一定事物的指向和集中，集中注意力是运动员排除外界干扰专心致志进行罚球的前提条件。而注意力集中的反面则是注意力分散，即通常所说的"分心"。训练注意力的方法主要有三个。第一，培养球员良好的参赛动机。在比赛时，要引导球员以正常的心态去参赛，对比赛结果的胜负不要过分担心，对生活和训练中的烦琐之事暂且搁置脑后，应将全部的注意力集中在比赛过程之中。第二，看表法。集中注意力看手表秒针的走动，先练习 1 分钟，再逐渐增加时间到 2 分钟、3 分钟。如果能持续到 5 分钟以上而不转移注意力，则是很好的表现，这样持续下去反复练习，集中注意力的能力就会有很大的提高。第三，视物法。将注意力集中在一个目标上，然后闭眼回忆这个目标的形象，反复多次，直到该目标在头脑里清晰地再现为止。

3. 自信心训练法

自信心是影响运动员水平正常发挥的心理因素之一。自信心缺乏会使运动员在罚球时产生恐惧心理，思想负担过重，不能有效地控制好自己的心理机能和运动感觉，罚球时表现得小心谨慎，生怕有丝毫闪失，动作紧张、迟钝、僵硬和不连贯，不能发挥出应有水平。训练方法有以下两种。

第一，自我暗示。自我暗示训练是一种积极主动的心理训练方法。这能够引导运动员形成一种良好的竞赛心理状态，能够积极有效地增强自信心，消除紧张情绪，放松身体。罚球时，暗示自己罚球技术的正确性，提升自信心。比赛中运动员应抓住执行罚球前裁判员记录台联系的这段时间，进行自我心理调节，使自己的情绪稳定下来。例如，罚球时可以默念"我能""我可以"等。

第二，施加压力下进行罚球练习。分成若干队，每队派一个代表罚球两次，全中则不受罚；如一次不中，则全组罚跑 28 米往返一趟；如两次都不中则全组罚跑两趟。一组赛完，重选代表再进行练习。

4. 呼吸调整法

在很多优秀运动员中，在进行罚球时并不是从裁判手中接过球后直接出手，而是先轻松地拍几下，做一两次深呼吸再投。这可以达到心理控制的作用，稳定自身情绪，把高水准的技术动作重新植入大脑从而达到提高罚球命中率的效果。

在罚球时的呼吸调整的步骤一般为：① 放松自己的心境，保持肌肉的柔和性；② 调整自己的急躁情绪，保持稳定心理；③ 拿到球后进行缓慢而平稳的呼吸，保持平和心态；④ 在球投出去之前，深呼吸一两次，投篮时保持动作的流畅性。

5. 意念训练法

意念训练法是指运动员在比赛中有意识地、主动地利用大脑中已形成的运动表象或充分利用想象进行训练的方法。人的想象可以使一定的图形在人脑中闪过并形成一定的记忆，或是形成一种回想性复习。平时训练中可以让运动员在安静的时候多回想自己罚球的技术动作，并对自己的动作进行一番全面回想与再认知，或是对错误的、不完美的动作进行改进。这样能达到巩固和改进罚球技术的目的，对稳定情绪和集中注意力也有良好的作用。在正式比赛中，运动员罚球之前，就可以通过对投篮技术动作要领的回忆，在大脑皮质中留下整个投篮动作的"痕迹"，然后在罚球时再将这些"痕迹"激活，就可更准确、更协调地完成罚球动作。

意念训练时的要求有两个：第一，在进行冥想过程中，要使球员的注意力高度集中，可在安静舒适的地方坐下或躺着，让球员闭目练习；第二，要有意识地发展球员的思维能力，并将投篮动作各个环节的发力感觉和顺序与之结合起来。

6. 比赛模拟训练

比赛模拟训练是以接近实战条件对运动员进行提高临场应激能力的心理训练方法。这种方法可以强化意识，提高作战能力，增强自信心。其目的是使练习者在今后的实战中能够适应环境，提高对外界不良刺激的抗干扰能力，有利于将注意力集中在实战过程中。由于不可能每天都有正规比赛，而关键的比赛就更少了，所以教练在训练时可以采用模拟训练，有意识地组织训练比赛，从而让球员更多地体会比赛时的紧张情绪。

例如，把球队分成两队进行比赛，本次比赛决定两队的出线权，而比赛只有 3 分钟，两队的全队累计犯规已达五次，比分为 54∶55。在这样的情境下，什么事情都有可能发生，而罚球得分的机会也相应增多，这就考验每一位球员的心理承受能力。教练可以多安排类似这样的情境训练，有计划地为球员设置针对性的比赛条件，使他们在比赛中既有一定的紧张度，又能自我控制其程度。这样有助于增强球员的个人心理素质和对压力的承受能力。

第四节 防守的心理训练

一、篮球防守的心理训练方法

很多教练员认为，心理训练方法比较复杂，不知道如何进行心理训练。事实上，心理训练不是单独进行的，它体现在训练的每个环节中，脱离体能、技术和战术训练的心理训练就不会有理想的效果。下面结合体能、技术和战术，对心理训练进行阐述。

（一）结合体能的心理训练

随着篮球运动水平的不断提高，篮球比赛的防守对抗越来越激烈，对运动员的体能要求也越来越高，体能训练也受到高度重视。而在体能训练过程中，增加体能不是唯一的目的。体能训练就是要通过系统地增加负荷或难度提高运动员的身体能力，这与培养意志品质的方法特点相同。也就是在训练负荷达到一定程度时，就是意志品质训练。通过加大困难、克服困难、战胜困难来培养运动员的意志品质，在所有的训练手段和方法中也是最有用的。

但体能训练又不能变得枯燥和乏味，要制定明确的、个性化的体能发展总目标、阶段目标。每次训练的具体目标是体能训练能否取得良好效果的保证，也是运动员学习目标设置的依据。当运动员在训练过程中主观感受到战胜困难的喜悦，就会增加信心、情绪饱满。

现代篮球运动具有更加快速的攻守转换和更加激烈的对抗特点，这对运动员的体能提出了越来越高的要求，因此，体能训练在世界范围内都受到了高度重视。通过系统地增加负荷或难度提高运动员的身体能力是体能训练的主要方式之一，培养意志品质的方法和这个相似。通过增加困难、认识困难、面对困难、克服困难、战胜困难等一系列的过程来培养运动员的意志品质，是提高运动员体能最有效的手段和方法。

在日常训练中，有目的地提高练习难度，包括人为设置的障碍、环境条件、消极情绪、疲劳状态等，并要求运动员在有限的条件下经过努力克服困难，顺利地完成任务。感受到战胜困难的喜悦是运动员最大的收获，这时，运动员会情绪饱满、信心增加，个人的心理素质也得到了一定的锻炼。

（二）结合技术的心理训练

篮球防守是技术性要求很高的运动项目，技术训练是任何时候都不可缺少的训练内容。技术的心理训练关键在于对技术和心理训练的深刻理解，理解技术本身对心理素质有何要求，理解心理素质如何对技术发挥作用。例如，篮球滑步防守是一项基本技术，它对运动员的专项运动要求很高。

篮球对技术性的要求很高，只有通过长期、不间断的训练才能获得高度发展的专项知觉，保证技术稳定提高的有效方法就是进行目标设置训练。技术训练的过程是一个将长期目标分解的过程，通过将长期目标分解为可实现的、短期的、具体的目标，而后经过一系列的努力实现这个终极目标。不仅如此，技术训练过程也是提高运动员个人表象能力和思维能力的过程。在运动心理学中较为成熟的心理训练方法是目标设置训练、表象训练等方法，但是对方法本身的模仿和套用不是应用的关键所在，在对专项技术发展规律充分把握的基础上做出创新性的应用才是最主要的。更重要的是，要充分发挥运动员的主观能动性，让运动员自己学会心理训练的方法，这样在运动员的日常训练中就更方便将心理训练运用到技术训练中来。

心理训练同技术训练一样，需要结合个人的特点进行因材施教，这样就需要培养队员在认清自己位置的前提下，根据对方攻守的特点和本队整体战术的需要及临场千变万化的战局，有针对性地运用合理技术，这样的要求强调了运动员思维的敏捷性、预见性、灵活性及创造性。在训练过程中，战术行动的共同原则必须得到重点强调，战例的集体讨论和分析必须多进行，集体行动目标也必须经过有目的的设置，这样才能使队员之间更加了解，这是一个增强团队凝聚力的有效手段，也是集体思维训练的重要组成部分。

（三）结合战术的心理训练

在篮球防守战术训练中进行心理训练，旨在让队员在掌握篮球防守战术的同时，通过心理训练，使身体运动与大脑思维有机结合，以达到强化战术思维、提高战术水平的目的。在训练过程中，一是要强调集体思维的训练，集体思维训练结合全队和局部战术配合训练进行，主要培养运动员对全队战术目标的理解和队员间同步思维的能力；二是要强调战术行动的共同原则，多进行战例的集体分析和讨论，设立集体行动目标，增强队员间的相互了解是集体思维训练的重要组成部分，也是增强集体凝聚力的有效手段。

（四）针对性心理训练

针对性的心理训练主要包括以下几个方面。

1. 渐进性放松法

放松性训练，是用特定的方式（如表象、音乐、暗示语等）调节呼吸，集中精神，充分放松肌肉，从而达到调节中枢神经系统的目的，进而缓解紧张的情绪，这是一种通过大脑对全身控制的训练方法。

这种方法的主要特点是能迅速使肌肉完全放松。动作过程是先拉紧每组肌肉 5～7 秒钟，再放松 20～30 秒钟，要体验紧张与放松间的对立感觉，动作步骤包括：① 坐或躺，感觉自己很舒服，在深吸一口气并呼出的同时，慢慢闭上眼睛然后开始放松；② 注意力集中在双脚上面，拉紧脚上肌肉，弯曲脚趾，并起双脚，注意此肌肉的张力感，然后放松，并体会松与紧的差别；③ 紧收双腿与臀部所有肌肉，然后完全放松，缓慢而深沉地做一次呼吸，使自己感觉到已经进入非常松弛的状态；④ 紧缩腹部与胸膛，停住片刻，然后放松；⑤ 紧握双拳，拉紧肱二头肌与前臂，将双臂从卧姿或坐姿的平面上略微提高，略停片刻，然后放松；⑥ 同时扣紧全身肌肉，停住片刻体会其紧张感，然后放松，待完全放松后，呼吸平稳，休息 1～2 分钟。

2. 呼吸放松法

① 深呼吸法：缓慢持续吸气，停 1～2 秒再缓慢呼出；② 腹式呼吸法：吸气时鼓胀腹部，默数 10 秒再吐气；③ 内视呼吸法：运用慢而长的呼吸（腹式）加想象成分，想象一个小红气泡，经气管—肺—腹—大腿，每次做 5～10 分钟。

3. 认知调节式训练

这种训练包含两种含义，分别是暗示训练和合理情绪训练。认知调节式训练，目的是要提高运动员对不同变化的评价能力，以及认识问题、解决问题和处理问题的能力。这个训练一旦成功，运动员的心理素质将会得到极大的提高。

4. 系统脱敏训练

这是一种心理治疗方法，一般是在运动员的心理出现了一定的问题后才会使用的方法，它适用于特殊领域的焦虑症和恐惧症。在篮球运动中，它还可以用于调节赛前紧张多虑等情绪问题。

二、心理训练在篮球防守中的运用

（一）赛前、赛中的防守心理训练

1. 赛前的防守心理训练

一般情况下，如果身体、技术和战术准备充分，知己知彼，认识统一，运动员在赛前的体力、技术、战术等方面不会有太大的变化，可能变化的是以情绪变化为主的心理状态。而造成赛前不同心理状态的原因主要有对竞赛重要性的认识和对成功的渴望与失败的恐惧。赛前心理状态主要包括以下四点。① 最佳竞技状态。这是理想的赛前积极应战的心理状态，主要表现为对竞赛跃跃欲试，斗志昂扬，注意力集中和有适度的兴奋性。② 赛前的焦虑状态。具体表现为在赛前一段时间生理反应失调，吃不下饭，睡不着觉，身出虚汗，四肢发凉。③ 赛前抑郁状态。这是一种比赛淡漠心理状态，表现为对竞赛态度消极，没有欲望，打不起精神，对自己的运动能力产生怀疑。④ 虚假自信状态。这种状态表现为口硬心虚，虚假自信心，实际是认识的片面性和心理上的一种恐惧症的反映。

对此，教练员要善于引导教育，端正比赛态度，摆正位置，有针对性地进行心理调节。经常对球员做思想教育工作，不论什么样的比赛都要树立正确的思想作风，要有足够的信心、充分的思想准备和良好的竞技状态，要使球员明确比赛的任务和目的，激发他们积极参加比赛的强烈愿望，能够最大限度地动员自己，自觉克服困难，不断提高训练和比赛的能力，使运动员能够正确对待每一次比赛。赛前要广泛收集对手的情况，竞赛的地点、时间、场地器材等情况，对对手进行正确的估量，知己知彼，做好赛前的心理准备。

2. 赛中的防守心理训练

在篮球比赛中，必须要求运动员有不断完善运动技术的愿望，对比赛中发生的情况能找出有效的解决办法。篮球比赛的活动处于不断变化的动态中，要敏锐地观察判断情况，果断做出决定与对手抗衡，这时理性和情感占首要地位，这也决定了专项心理训练的内容。意志品质对篮球运动员来讲尤其重要，意志是意识中的一个积极方面，它与理智和情感相统一，在困难的情况下调节人们的行为和活动。运动员主要的意志品质包括坚定的目的性、主动性、自制性、坚毅性等，这些品质很难进行直接评价，在各个竞技项目中的作用也是难以区分的。特别是高水平运动员对智力水平发展的要求很高，要使他们意识到自己在比赛中的地位和取得运动成绩的社会价值，从而更好地创造性地对待训练任务。

赛场情况千变万化，球员的心理状态也随比赛性质、任务和战局的变化而不断变化。一支职业化篮球俱乐部球队的整体训练水平固然是比赛中取得优势的基础，但其良好的心理训练状态则是临场技战术水平正常发挥的重要保障。在篮球比赛中，强弱的转化往往是以某些心理因素干扰作为突破口的，强队败给弱队常是由心理上的准备不足造成的。因此，教练员要善于在赛前与赛中做好思想上、心理上的调整工作，克服各种非正常情绪，对与比赛有关的情况要充分估计，仔细观察，认真考虑，冷静对待。既要鼓励运动员轻装上阵，放下包袱迎接比赛，又要估计比赛中可能遇到的情况，及时采取措施，增强运动员的信心，全力以赴投入到比赛中去。

在比赛中，球员经常会受各种环境条件的影响而导致心理活动发生异常变化。例如，在比分落后或比分接近的情况下执行罚球，临场比赛气氛的变化、对手的情况、观众的情绪等，都可能给球员的心理活动带来一定的影响，这就需要球员掌握心理调节的方法。例如，让临场紧张的球员或年轻的新队员先看一段比赛，教练员从旁启示，分析场上情况，同时交代上场后的任务，做好心理准备再让他们上场比赛，若不能正常发挥，再替换下来，继续观察比赛，使之更加明白自己应该怎样进行比赛，再上场参加比赛。即使比赛经验丰富的队员，有时也会因观众情绪或临场气氛的变化而产生异常心理。常采用的措施是替换下来，让他观察比赛，冷静头脑，待心理适应后再上场参赛。

球员如果临场感到紧张、怯弱或者因对手强大而感到害怕，应该让球员把自己的注意力指向以前某次成功的比赛，想一想自己在获得成功时技战术发挥得得心应手的情况。对于性格急躁、求胜心切的球员，适当要求他们在比赛中时刻暗示自己要大胆、果断、不畏强手、敢打敢拼，教练也应多予鼓励，切不可在场外乱喊大叫。

（二）心理训练在篮球防守中运用需注意的问题

人们对篮球比赛制胜规律的认识在不断加深。从开始注重身体，发展到注重技术、战术的训练。到今天，人们开始认识到，在高水平的对抗过程中，参赛运动员之间在身体素质和技术水平方面的差距甚小，竞赛的胜负往往取决于他们的心理优势。心理水平的发挥是竞赛取胜的重要因素，中国运动员在国际大赛中由于心理训练水平较低而吃亏的情况屡见不鲜。

1. 在理论认识上重视防守心理训练的作用

篮球防守心理训练的理论误区表现为对心理训练的狭隘理解，有些甚至是错误的理解。尽管大多数教练员和运动员自己也承认，心理因素对竞赛结果起着重要作用，但他们对心理训练的认识仍处在感性阶段。一些教练员和运动员认为，心理因素是一种与生俱来的能力，我们不能改变它们，经过一段时间会自然而然地提高。殊不知正是这种忽视，导致运动员在高水平的激烈竞赛中表现出心理障碍、心理失常等问题，这些都是未进行或未重视心理训练所留下的隐患。还有一些教练员认为，自己的队员没有心理问题，因此不需要进行心理训练。而一旦队员表现不好，就武断地归因于运动员的心理素质差。时间一长，本来没有心理问题的运动员也因此产生心理障碍。因此，我们应该在理论上重视防守的心理训练，以心理促生理（体、技、战），更有效地发挥训练效果。

2. 在实际训练工作中加强防守的心理训练

也有一些教练员采用过一些方法，对运动员进行防守心理训练，并取得了一些效果。但多数教练员还只是根据自己的经验组织心理训练，表现为缺乏系统性。还有些教练员在心理训练方面做了一点努力就想获得好的效果，或尝试了几次心理训练课就放弃了，因为没有收到立竿见影的效果，他们就开始怀疑心理训练的作用。殊不知，心理能力的形成也有其自身的规律，良好的心理技能绝不是一蹴而就的，需要长期的、系统的心理训练才能形成。另一个理论误区是，把心理训练独立于身体和技战术训练之外。由于缺乏足够的理论指导，有些教练员机械地安排单独的时间对运动员进行防守心理训练，虽然体现了对防守心理训练的重视，但是训练的效果不佳。事实上，心理训练与体能及技战术训练是相互依存、相互促进的，心理训练必须结合体能训练、技术训练和战术训练进行，不能将它们割裂开来，应全面发展运动员的技术水平。

参考文献

［1］ 刘孟波. 新时期高校篮球教学改革路径探析［J］. 冰雪体育创新研究，
2022（16）：118-121.

［2］ 郑亮. 多元视域下高校篮球教学改革策略研究［J］. 当代体育科技，
2022，12（23）：85-88.

［3］ 孙超. 多元化教学方法在高校体育篮球教学中的应用探究［J］. 冰雪体
育创新研究，2022（15）：141-144.

［4］ 陶然，王府. 论体育游戏在高校篮球教学中的运用［J］. 当代体育科技，
2022，12（13）：101-105.

［5］ 庞选护. 启发式教学法在高校篮球教学中的应用探索［J］. 冰雪体育创
新研究，2022（8）：131-133.

［6］ 江勇. 高校篮球教学与训练中学生战术意识的培养［J］. 新体育，2021
（18）：42-44.

［7］ 黎振华. 高校篮球教学与训练的新方法探讨［J］. 文体用品与科技，
2021（18）：9-10.

［8］ 李静，陈硕. 多元化背景下高校现代篮球教学的实施策略与价值：评
《篮球教学与训练》［J］. 热带作物学报，2021，42（6）：1832.

［9］ 许庆兵. 高校篮球攻防技术教学与训练研究［J］. 当代体育科技，2021，
11（18）：139-141.

［10］ 胡大伟. 高校篮球教学与训练方法探究［J］. 体育视野，2021（12）：
79-80.

［11］孙远航. 高校篮球教学中训练新方法及体能训练策略初探［J］. 冰雪体育创新研究，2021（2）：34-35.

［12］王世清. 高中体育教学中篮球体能训练策略［J］. 智力，2020（34）：21-22.

［13］李明国. 高校篮球教学与训练的问题与改进策略［J］. 体育视野，2020（11）：45-46.

［14］萨丕尔. 语言论［M］. 北京：商务印书馆，1985.

［15］于涛. 体育哲学研究［M］. 北京：北京体育大学出版社，2009.

［16］董文秀. 体育英语［M］. 北京：人民体育出版社，2009.

［17］罗伯逊. 社会学：下［M］. 北京：商务印书馆，1991.

［18］汪寿松. 论城市文化与城市文化建设［J］. 南方论丛，2006（3）：101.

［19］科特金. 全球城市史［M］. 北京：社会科学文献出版社，2006.

［20］卢元镇. 体育社会学［M］. 北京：高等教育出版社，2001.

［21］维加雷洛. 从古老的游戏到体育表演［M］. 北京：中国人民大学出版社，2007.

［22］王祥荣. 生态与环境：生态可持续发展与生态环境调控新论［M］. 南京：东南大学出版社，2000.

［23］郑杭生. 体育学概论新编［M］. 北京：中国人民大学出版社，1987.

［24］周爱光. 体育本质的逻辑学思考［J］. 武汉体育学院学报，1999（2）：19-21.